ESSAI
D'UN HOMME LIBRE
AUX RÉPUBLICAINS,

Par le citoyen ***RENCUREAU.***

Virtutem incolumem odimus ,
Sublatam ex oculis quærimus invidi. *Horac.*

A ANGOULÊME,

Chez P. BARGEAS, à la nouvelle Halle

ESSAI
D'UN HOMME LIBRE
AUX RÉPUBLICAINS.

> Virtutem incolumem odimus,
> Sublatam ex oculis quærimus invidi. *Horace*.

DEſtitué de mes fonctions d'Adjudant-major au 2.e Bataillon de la 12.e demi Brigade d'infanterie de bataille, & condamné à ſix mois de détention, pour avoir eu le courage de dire des vérités importantes au Salut public.

Traduit ignominieuſement en priſon après avoir aſſiſté à vingt-une bataille, où je ne me vanterai pas de m'être montré d'une manière plus particulière que mes frères d'armes, & après avoir été aſſaſſiné à Lyon, pour avoir fait mon devoir.

Mis aux fers, quoique blanchi de l'imputation d'avoir ſemé le découragement parmi les troupes, par le bon témoignage des défenſeurs de la République, dont il eſt fait mention dans le prétendu jugement porté contre moi, que je ſomme & Petiet & les prétendus gouverneurs de produire.

Mes diſcours n'ayant été regardés par le Conſeil militaire que comme l'effet d'un grand attachement à mes idées, de l'efferveſcence d'imagination & de délire.

Le délire n'ayant point été & ne pouvant être compris, dans le nombre des délits prévus par le Code pénal, qu'on appele loi & qui ne l'eſt pas.

Condamné par conſéquent, au mépris de tous les principes protecteurs de la ſûreté des perſonnes, & traité depuis ma détention, de la manière la plus barbare, & comme priſonnier d'état.

Les accuſations relatives à Buonaparte aux Directeurs exécutifs, n'ayant, en aucun cas, pu être de l'attribution d'un Conſeil militaire.

Je me contenterai pour moi de mépriſer, & ceux qui ont rendu ce prétendu jugement contre moi, & les valets de Louis XVIII, & de la coalition qui en ont ordonné l'exécution ou l'ont ſoufferte. Je demande juſtice à la ſociété, contre tous ceux qui ont pu être rendu de la même manière.

Et en proteſtant en faveur des principes de souveraineté nationale, violés sous tous les rapports, puisque les militaires n'ont concouru, ni à la formation des actes qu'on fait peser sur eux comme lois, ni à l'élection de ceux qui sont appelés à exercer la portion la plus intéressante des pouvoirs publics.

Décidé à rejoindre les illustres martyrs de la République démocratique, plutôt que d'être esclave, je ne m'arrêterai pas pour quelques persécutions à émettre ma manière de voir en principes d'ordre social; & comme je ne puis douter des intentions de mes ennemis, qui m'ont créés dans mon propre fils & dans toute ma famille autant d'êtres acharnés à ma destruction, puisqu'ils travaillent à détruire ma moralité, qui fait ma force; je n'hésite pas à mettre sous les yeux du public, le seul ouvrage que me permettra peut-être le temps de livrer à l'impression.

Idées préliminaires.

Long-temps un voile épais déroba aux humains la connaissance de leurs droits & de leurs devoirs; balottés de préjugés en préjugés, esclaves des prestiges de l'imagination de quelques hommes qui ne virent leur bonheur que dans l'asservissement de leurs semblables, ils durent nécessairement tomber dans un état de dégradation qui les ferait révolter contre celui qui le premier aurait le courage de briser des fers honteux ; & le sage ne dût attendre que des excès de la tyrannie, le mouvement sublime qui porte les peuples à se soustraire au joug odieux de la servitude.

La transition subite de l'esclavage à un autre mode d'être, ne peut imprimer de suite aux nations le caractère essentiel qui doit assurer leur bonheur ; n'ayant trouvé que des angoisses dans l'extrême d'où elles partent, elles s'éloignent de ce même extrême avec la rapidité de l'éclair, & ce n'est qu'après s'être portées à l'indépendance, qu'elles apperçoivent & qu'elles commencent à calculer l'espace immense qui existe entre l'esclavage & l'indépendance, entre la liberté & ces deux extrêmes, & qu'elles voient que le sentiment auquel elles ont d'abord cédé, ne doit être qu'un instrument du sentiment libre, & non en prendre la place ; long-temps trompées, elles se méfient même de ceux qui veulent les soustraire à de funestes épreuves, & c'est alors que les factions cherchent à les tourmenter, & si elles reprennent leurs fers, elles ne le doivent qu'à l'état d'oscillation dans lequel ces mêmes factions prennent le plus grand soin de les entretenir, pour les énerver; ou à leur attachement aux préjugés qui les ont flétris, vers lesquels l'ignorance leur fait tourner des regards d'inquiétude qui ne devraient être fixés que sur l'objet qui peut améliorer leur existence. Telle est la carrière qui s'ouvre devant tous les peuples qui brisent tout à coup les chaînes de la servitude, & s'il veulent être irrévocablement libres & triompher des tyrans, ils ne balancent point à repousser toutes les idées qui rapportant tout à un seul, commencent l'histoire du genre humain par celle d'un homme; ils rejettent avec le même soin, toutes les conceptions des perfides qui pour fonder le despotisme sur la terre, en établirent l'existence dans le ciel; ils éloignent d'eux, les imposteurs, qui dépositaires du secret des consciences, petèrent les sentimens les exaspérèrent ou les radoucirent à leur gré, en tournant à leur profit les sensations dominantes dont la connaissance leur était donnée par la sotise toujours terrorisée; dans un Être suprême, ils voient le grand Tout, non un vil despote; ils écartent par là toutes les influences mystiques; ils concilient leurs idées sur un auteur de la nature avec l'intérêt commun

& n'aſſimilent pas ce Tout créateur à des portioncules d'exiſtence ; que des prêtres revêtiſſent d'une grande puiſſance, d'une grande bonté envers les humains, quand l'eſpèce n'a pas encore, pour ainſi dire, de colonne ſociale ſur laquelle elle puiſſe s'appuyer ; c'eſt alors qu'ils ne ſont plus aſſervis à des hommes qui décidant que les plus ſavans n'ont aucune notion ſur la cauſe première de l'exiſtence des choſes, ont l'impertinence de vouloir qu'on croie à cet égard, tout ce qu'a conſacré le menſonge & qu'a accueilli l'ignorance ; c'eſt alors que le contrat ſocial arraché à tous les projets d'aviliſſement conçus par la tyrannie & hors de toute atteinte de ſa part, fonde & la liberté publique & le bonheur général, ſeule baſe du bonheur privé.

Qu'ont créé tous les dieux adorés ſur la terre ?
On ne voit en tous lieux que l'effroyable guerre.

Exiſtence des ſociétés établies avant celle de l'homme.

Une vérité inconteſtable & qu'on ne ſaurait détruire, c'eſt que tous les hommes naiſſent en ſociété. De mépriſables Sophiſtes nous diront comment ils pourraient exiſter ailleurs, eux qui nient ce principe ; ils feront ſans doute valoir la création ; leur génie artificieux mettra tout en uſage pour faire triompher tout ce que la tyrannie a conſacré comme principe ; ils nous rabacheront qu'un premier homme exiſta ſans le concours d'aucun autre être de ſon eſpèce ; mais comment concilieront-ils le caractère d'éternité & d'immuabilité par conſéquent qu'ils donnent aux plans d'un créateur , ſi l'homme a exiſté ſeul dans le principe & ſi dans la ſuite il a fallu le concours d'un homme & d'une femme pour lui donner cette même exiſtence ? il n'eſt pas difficile de voir que les inventeurs du ſyſtême de la création , voulurent ramener toutes les idées à un ſeul , qui fut celui qui apprit le premier l'art de tyranniſer les vertus & fonder ainſi le deſpotiſme , leur imagination fertile en raiſonnemens étranges , leur habileté à mettre en mouvement les ſentimens de l'homme , à prévoir le réſultat de ſes ſenſations , avaient pu donner du poids aux plus déteſtables abſurdités ; mais l'égalité qu'ils ont voulu détruire , fera rentrer dans le néant toutes les erreurs qu'ils ont accréditées ; c'eſt elle qu'ils ont attaquée juſque dans la création. Les monſtres ! c'eſt qu'ils ſavaient bien qu'avec elle , ils ne pouvaient fonder la tyrannie , & aſſouvir leur férocité ; ils ont violé tous les principes pour dévorer l'espèce humaine ; & la terre ne rougit pas de se voir surchargée du poids de leur orgueil & de leur insolence ? ô honte des nations !

Égalité des Droits.

L'homme ne pouvant exister dans le principe sans la société, les besoins de tous étant les mêmes lorsqu'ils naissent, n'y ayant aucune ligne de démarcation qui fasse que tel ne soit pas égal à tel autre, il en résulte nécessairement que tous les hommes naissent égaux ; & ensuite peut on dire qu'ils n'ayent pas les mêmes droits, sans consacrer tous les systêmes oppressifs ? y a-t-il rien de plus ridicule que de vouloir qu'un homme remplisse tous les devoirs tandis qu'on lui ravit tous les droits ? peut-on sans horreur & sans extravagance exiger qu'il respecte ce qu'il est condamné à ne jamais connaître ? parlez vils hypocrites qui proscrivez les égalitomanes ? répondez perfides omnivores qui semblables aux harpyes, empoisonnez les dons de la nature que votre voracité ne peut engloutir ? la vérité vous interroge.

Exiſtence des droits de la ſociété avant ceux de l'homme.

L'établiſſement des droits de l'homme avant ceux de la grande famille, eſt une de ces erreurs propagées par la fourberie, auxqu'elles on aura peine à croire dans des temps plus avancés ; c'eſt ſuppoſer qu'il peut en exiſter hors de la ſociété ; mais s'il était encore quelqu'un qui s'efforçat aujourd'hui de prouver qu'il peut y en avoir de ſemblables, je ne croirais pouvoir donner un meilleur conſeil aux hommes libres, que celui de chercher une terre inhabitée ou ce quelqu'un ſerait envoyé jouir de ſes prétendus droits.

Il eſt aiſé de voir que ceux qui ſe ſont attachés à intervertir le principe, voulaient donner une teinture de royaliſme à la charte des hommes libres, & c'eſt la lui donner réellement que de faire marcher les droits de la ſociété après ceux des membres qui la compoſent ; les hommes qui agiſſent de la ſorte ſavent bien qu'il ne peut y en avoir de privés, ſans la protection d'un tout & que ce tout ne peut protéger lui même ſans que ſes droits & ſes devoirs ne ſoient préliminairement établis. Leur inſigne mauvaiſe foi ſe décèle d'elle-même.

Des droits de la Société & de leur garantie.

Les droits de la ſociété ſont l'égalité, la liberté, la ſûreté & la propriété. Ils ſont inaliénables, ſuprêmes & intranſmiſſibles, & leur garantie eſt dans la miſe en commun de tous les coaſſociés pour repouſſer tout ce qui pourrait y attenter. C'eſt la ſuprématie des droits ſociaux qui conſtituent la ſouveraineté des peuples.

De la ſouveraineté des peuples.

La ſouveraineté des peuples ſe caractériſe par la miſe en commun de la volonté de chaque individu, pour la formation du contrat ſocial, & le concours de la force d'un chacun pour ſon maintien. Elle n'exiſte plus du moment où les volontés privées l'emportent ſur la volonté générale. La ſouveraineté des peuples eſt inaliénable comme eux & intranſmiſſible. Elle a pour baſe la raiſon qui concilie toujours la force avec l'intérêt commun & pour but la juſtice diſtributive.

Quelques prétendus légiſlateurs ont

avancé qu'elle était délégale ; mais n'est ce pas la nier que de croire qu'elle peut être déléguée à un petit nombre d'hommes ? Admettre ceci, n'est-ce pas exposer les nations à perdre les plus sacrés de leurs droits ? Ceux qui se montrent partisans de la délégabilité, ne se proposent-t'il pas l'usurpation des pouvoirs publics & l'asservissement des peuples ? Ne tiennent-ils pas le même langage que les brigands couronnés, qui se prétendent & les représentans des peuples & ceux d'un autre brigand couronné qu'ils ont placé dans le ciel ? Ils nieront sans doute le but qu'ils ont ; mais alors ils nous diront : où est la garantie de tous les membres qui composent les associations, si tous ne concourent pas à la formation du contrat social ; ils nous diront comment un petit nombre d'unités peut faire pour toutes les unités possibles.

Des droits de l'Homme.

Les hommes peuvent-ils prétendre à d'autres droits qu'à ceux qui dérivent des droits de la société ? Non aux yeux de la justice & de la raison, ceux de l'homme ne peuvent donc être autre chose que la liberté, l'égalité, la sûreté & la propriété qui appartenans au Tout, s'identifient à tous les individus ; qu'on leur donne plus d'extention , il n'exiſte plus de lien ſocial, il n'y a plus qu'un affreux ſyſtême d'iſolement dont la tyrannie eſt le cruel réſultat.

De la Liberté.

La liberté conſiſte à faire tout ce qui ne peut nuire à autrui ni à ſoi-même ; elle ſemble être le réſultat du ſentiment d'amour & d'indépendance combinés enſemble.

Cette définition doit être commune aux aſſociations & aux individus, le principe ſur lequel elle eſt baſée, a beſoin de quelque développement.

Il n'eſt pas ſans doute difficile de concevoir que l'aſſociation qui ne nuit pas aux autres, comme l'individu qui ne nuit pas à autrui, ſe conforme eſſentiellement, la première à ce qui eſt exigé d'elles par le Tout, & le ſecond à ce que la ſociété exige de lui ; mais peu d'aſſociations comme peu d'hommes ſont pénétrés de cette vérité, qu'en ſe nuiſant par des excès qui prennent & ſur leur moral & ſur leur phiſique, les unes & les autres s'expoſent à ne pouvoir donner à leurs facultés tous les développemens nécessaires au bonheur général & privé, & se mettent dans le cas de violer ou de laisser violer les droits communs.

De la Sûreté.

La sûreté des associations git dans la pratique des principes de raison & de justice, & dans la mise en commun des forces de tous les membres qui les composent ; la sûreté des individus se puise soit dans les lois, expression de la volonté générale, soit dans ce principe naturel, la résistance à l'oppression.

Des principes de raison & de justice.

Les principes de raison & de justice consistent dans le respect des droits communs aux associations & aux membres qui les composent.

De peuple à peuple, c'est au gouvernement à qui la violation en est connue à prendre tous les moyens de repression nécessaires contre les auteurs de cette même violation. D'hommes à la société ou aux individus qui la composent, c'est aux citoyens appelés à exercer les fonctions publiques à remplir le même but que le premier. Si les uns ou les autres s'y refusent, ils doivent être traités en rebelles, parce que leur refus indique l'existence de la tyrannie. Le développement de la force devient alors nécessaire & est un devoir sacré.

Il n'est pas difficile de prévoir les efforts que feront les oppresseurs pour détruire de tels principes. L'opposition diametrale qui se trouve entre ces mêmes principes & leurs maximes liberticides, en est un garant certain ; mais la vérité plus forte que tous les tyrans, leur apprendra que c'est en vain qu'ils espérent la détruire ; elle organise son triomphe, au travers de toutes les erreurs, de tous les vices & de tous les crimes qui en sont le résultat, & elle parviendra au but qu'elle prétend & qu'elle doit atteindre.

De la Force publique.

La force publique qui se compose de toutes les forces individuelles pour repousser l'oppression, a pour but d'appuyer & non de fonder le droit. Quand un peuple brise les fers honteux de la servitude & le sceptre de ses tyrans, elle n'est essentiellement subordonnée qu'aux principes fondamentaux de l'exiſtence ſociale. Elle doit être obéiſſante aux lois & aux gouvernemens qui ſont la conſéquence de ces principes, quand il en exiſte.

Loin de nous l'idée que la force doit toujours être paſſive, ce n'eſt point là le caractère qu'on doit imprimer aux défenſeurs publics ; leur activité doit également atteindre & les tyrans étrangers & ceux qui prétendent à opprimer l'aſſociation dont ils ne ſont que l'avant-garde.

Les maximes atroces du deſpotiſme, les vices qu'il enfante ont par tout néceſſité l'action continue de cette force, & tant que les lignes de démarcation qui exiſtent & parmi & entre les peuples, trouveront des partiſans, cette force ſera toujours néceſſaire.

Chez un peuple libre, la force doit être une, ſon organiſation, ſa tenue, doivent par tout être les mêmes, ſoit qu'on l'employe contre l'ennemi intérieur, ſoit contre l'ennemi extérieur. C'eſt par cette uniformité qu'on met le citoyen à même de connaître ſes devoirs comme militaire, ſans oublier ceux de citoyen.

De la loi.

Nul acte de quelque autorité qu'il émane

ne peut avoir le caractère de loi. Celle-ci doit toujours être l'expreſſion de la volonté générale. C'eſt par une erreur impardonnable qu'on a donné aux fonctions conſtituées le nom d'autorité & aux fonctionnaires publics celui de conſtitués en autorité. Chez un peuple libre, il n'y a d'autre autorité que la loi, expreſſion de ſa volonté.

Les fonctions publiques ne ſont & ne doivent être que les canaux par où la loi arrive à chaque ſection & de là à chaque membre de la grande famille, & les fonctionnaires ne ſont que les agens de cette même loi.

Par tout où l'on veut que la loi ne ſoit pas l'expreſſion de la volonté générale, il n'y a qu'arbitraire, deſpotiſme, tirannie. Les peuples ont tout à redouter de la prépondérance de quelques volontés privées, mais ils n'ont qu'à ſe prémunir contre l'erreur, quand ils fixent eux-mêmes la règle de conduite de chaque homme. C'eſt alors qu'il n'exiſte plus de ces exceptions, privilèges qui, comme tels, ſont toujours dangereux, leſquelles ſont autant de productions paraſites qui dévorent d'abord les ſubſtances qui doivent ſervir d'aliment à la légiſlation & finiſſent par tuer la liberté.

On

On objectera que les peuples n'ont pas besoin de législateurs, s'ils font eux-mêmes les lois qui leur conviennent; je répondrai qu'il est réel qu'ils n'ont pas besoin de législateurs & que nul n'a le droit de prendre ce titre qu'eux-mêmes, mais que ne pouvant rester toujours assemblés, ils doivent avoir des mandataires à la législation qui soient chargés de leur présenter des vues générales, seules bases qui conviennent aux lois & de les rassembler pour prononcer si ces mêmes vues sont conformes aux intérêts communs & doivent être converties en lois.

On objectera ici que j'attaque les représentations nationales, je ne dis pas cependant comme Rousseau, que par tout où il y a des représentans, il n'y a pas de liberté; mais j'avance hardiment que les mandataires à la législation qui se sont donnés ce caractère, ne peuvent l'avoir & ne l'ont réellement que lorsque après avoir consulté l'opinion publique sur des vues présentées, ils en émettent le résultat qui peut seul avoir force de loi, & qu'ils en surveillent l'exécution.

Si on donne plus d'extention aux représentations nationales, on fonde la tyrannie. Les vrais amis de la liberté, n'en déplaise à certains dominateurs, ne peuvent admettre d'autre théorie de la représentation nationale, parce qu'ils n'ont rien de semblable aux charlatans, qui s'annoncent comme les guérisseurs exclusifs des corps sociaux, & qu'ils ne prétendent pas que quelques misérables volontés individuelles l'emportent sur celles des nations.

On objectera, enfin, qu'en adoptant mes principes, on aura besoin de beaucoup de temps pour faire une loi; mais faut-il à un peuple libre un code si étendu? est-ce par un déluge de décrets contradictoires qn'on prétend le faire atteindre au bonheur? peut-ils parvenir au but d'une prospérité durable, autrement que par la confection de lois basées sur les vrais principes, en petit nombre, claires & précises? qu'on réponde. Il n'est pas étonnant que les tyrans veuillent le triomphe d'un petit nombre de volontés; mais que ces misérables avortons en morale, quoique aidés de tous les vils professeurs de politique, n'espèrent pas plus longtemps tromper les hommes libres; leurs efforts seront vains. Quelques sublimes que soient les vues des mandataires à la législation, quelques sublimes que soient leurs actes, ils ne doivent ni ne peuvent avoir le caractère de lois sans la sanction du peuple auquel ils doivent être préſentés. Que les nations ne renoncent pas un ſeul moment à leurs droits ſacrés, ſi elles ne veulent pas être aſſervies ; qu'elles n'oublient jamais, ſur-tout, que le tout eſt intéreſſé à conclure au plus grand intérêt poſſible de chacun des hommes qui le compoſent; mais que quand on laiſſe à quelques ſections de ce même tout, à prononcer excluſivement, elles ſe croient non ſeulement autoriſées à ſe tromper, mais encore à tromper les maſſes. Je ne prétends pas leur donner des leçons, mais leur rappeler des vérités utiles & dont l'oubli a les plus funeſtes conſéquences.

De la Sanction.

La ſanction eſt l'approbation donnée par les peuples aux travaux de leurs mandataires à la légiſlation. C'eſt par elle que leurs actes ſont convertis en lois.

De quelle manière doit-on voter quand un acte des mandataires à la légiſlation eſt préſenté pour être converti en loi ? je penſe, d'abord, que les électeurs doivent les premiers émettre leur vœu, qu'il doit être formé des liſtes nominatives de ceux acceptans ou rejettans cet acte ;

qu'enſuite ce même projet doit être préſenté aux ſuffrages du peuple à qui on a dû préliminairement faire connaître généralement & particulièrement le vœu des électeurs. Je penſe auſſi que tous les ſuffrages ou votes doivent être émis hautement & publiquement par oui ou par non. Ceci n'arrange pas les intrigans ; mais l'intérêt de la liberté ſans laquelle il n'exiſte point d'intérêt national, ne doit-il pas l'emporter ſur toutes les conſidérations de la politique ? ne voudra-t-on jamais que les nations puiſſent diſtinguer le vrai citoyen du fourbe & de l'impoſteur ? Laiſſera-t-on toujours exiſter des ténèbres, pour dérober ces derniers à leurs regards ? n'eſt-ce pas attenter à leurs droits, que de leur ôter les moyens de connaître leurs amis & leurs ennemis ? peuvent-elles mieux les connaître, les diſtinguer que lors de l'émiſſion des ſuffrages ou votes ? Y a-t-il rien de plus ridicule & de plus abſurde que de voir les électeurs ſeuls chargés du choix des mandataires à la légiſlation, & le peuple appelé ſans l'intermédiaire des électeurs, à ſanctionner les travaux de ces mêmes mandataires, ſouvent préparés par l'intrigue dans les aſſemblées électorales.

Quand la loi doit avoir ſon effet.

La loi doit avoir ſon effet entier du moment où elle eſt connue par une promulgation authentique. Elle doit être alors ſtrictement miſe à exécution. Les agens de la loi qui ſe permettent d'en ſuſpendre la publication & l'exécution ſont coupables de lèze-ſouveraineté nationale, & une reſponſabilité auſſi prompte qu'inévitable, doit alors s'appéſantir ſur leur tête criminelle.

De la réſiſtance à l'oppreſſion.

L réſiſtance à l'oppreſſion eſt un droit terrible, mais néceſſaire aux peuples comme aux individus, quand ils veulent ſe ſouſtraire au joug de la tyrannie & la détruire. Chez les nations libres, les lois déterminent l'exercice de ce droit qui devient alors le plus ſûr garant de la liberté & publique & privée.

La réſiſtance à l'oppreſſion eſt légitime & eſt un devoir ſacré, toutes les fois que les lois fondamentales du bonheur public ſont attaquées, autrement elle devient dangereuſe pour la ſociété & repreſſible.

Celui qui ſe tait quand cette violation eſt exercée eſt un lâche, comme celui qui réſiſte avant cette violation eſt un traître ou un tyran.

Appelés en vertu des lois baſées comme il vient d'être dit, tous les individus doivent obéir, mais ſi les conſtitués en fonctions publiques cherchaient alors à en éluder l'application, la réſiſtance deviendrait & légitime & néceſſaire, tous les membres de la ſociété devraient ſe lever contre cette tyrannie.

De la Propriété.

Le droit de propriété a pour baſe l'avantage commun. Ce droit identifié à tous le membres qui compoſent la ſociété, n'eſt ſubordonné qu'aux principes de raiſon & de juſtice. Les inégalités choquantes qui exiſtent dans la diſtribution des produits décèlent la tyrannie. Par tout où ces inégalités exiſtent, l'oppreſſion exerce ſon cruel empire. On me taxera peut-être de parler en faveur de ce qu'on appele la loi agraire; mais l'homme libre connaît le ridicule d'une pareille choſe, & il ſait faire la différence d'une abſurdité contre laquelle on s'eſt précautionné ou feint de ſe précautionner, ce qui décèle le but des auteurs d'une pareille idée avec laquelle ils prétendaient jetter une allarme générale, d'avec la conduite d'un gouvernement qui fait par tous les moyens que la société met en son pouvoir, réparer les maux qu'occasionne cette inégalité.

Si nul ne doit être privé du droit de propriété, droit appartenant à la société, mais dont elle a individualisé l'exercice, le devoir de chaque citoyen est de concéder celle dont il jouit dès que l'intérêt social l'exige. La société alors toujours juste doit l'indemniser.

Si les tyrans se permirent de porter atteinte à la propriété sur laquelle tel homme exerçait le droit de société, & cela sans constater le besoin général, c'est qu'ils fondèrent leurs prétentions sur l'ignorance, la faiblesse, la crédulité des hommes & sur la terreur qu'ils leur inspirèrent, c'est qu'asservis aux calculs de l'orgueil & de l'ambition, ils n'apprirent jamais que la terre est le domaine de l'espèce, qui tantôt se change en un atélier immense où le génie est appelé à développer toutes ses facultés, & tantôt en un vaste banquet où la fraternité doit servir les dons de la nature, & que des actes semblables sont subversifs de l'ordre social.

Des Gouvernemens.

Les gouvernemens ne peuvent avoir ce nom, qu'autant qu'ils ſont établis d'une manière conforme à l'intérêt des peuples & par leur aſſentiment. Il n'y a point de gouvernement où un individu ou un petit nombre d'individus prétendent avoir droit de gouverner. Les gouvernans ne peuvent ni ne doivent être que les agens des volontés nationales.

Aſſez & trop long-tems on a donné le nom de gouvernement à l'empire de vils brigands couronnés & à celui de quelques mépriſables uſurpateurs ; il eſt temps de revenir d'idées auſſi funeſtes.

Les gouvernemens ne ſont inſtitués que pour être les dépoſitaires de la loi & pour la faire exécuter. Par tout où ce but n'eſt pas rempli, il n'y a que deſpotiſme ou arbitraire.

Le deſpotiſme ou l'arbitraire qui ne ſont jamais baſés que ſur la volonté d'un ſeul, ou celle du petit nombre, ſont de ces productions monſtrueuſes qui mènent la ſociété au malheur.

Les Rois les plus amis de la juſtice, s'il eſt vrai qu'il y en ait de tels, comme les mandataires qui prétendent à imprimer le caractère de loi à leurs actes, sans le concours des membres qui composent l'association qui les a élus, ne sont que des brigands en chefs. Ils sont usurpateurs des pouvoirs publics qui n'appartiennent qu'à la société. Les uns & les autres n'ont de prétendue puissance que la crainte qu'ils inspirent, & ils peuvent être comparés à une souche qui pèse sur le tronc de l'arbre social renversé.

Les fripons, tous les monstres qui voudraient pouvoir dévorer l'espèce humaine en un jour, & toutes les productions du sol qu'elle habite, désirent des rois ou des mandataires irresponsables. Les hommes libres, au contraire, savent d'abord que des rois ne peuvent tout voir par eux-mêmes, que ceux-ci sont dominés par des sentimens dont le développement est d'autant plus sûr, qu'il est un nombre infini d'êtres assez vils pour les flater ou les aigrir au gré de ces mêmes sentimens & des leurs propres ; ils savent qu'en donnant toute l'influence à un seul, pour fixer les destins d'un peuple ; les accidens naturels qu'il peut éprouver, ses erreurs peuvent seuls morbifier le corps social ; ils savent en outre que les volontés privées ont une tension à conclure à l'intérêt privé, quand elles prononcent exclusivement, & ils connaissent les suites funestes qui en dérivent; ils savent, enfin, qu'il n'est pas un évènement qui ne prouve & l'atrocité du royalisme & celle de l'arbitraire.

Que l'on se garde bien ici des idées funestes & mensongères sur lesquelles de misérables avortons en morale, basent leurs opinions omnicides. Qu'on ne croie pas, avec eux, qu'un peuple soit tellement dépravé, que tous les élemens de sa liberté soient totalement perdus, & que la vérité qui en est l'essence ne puissent plus se déveloper; ce serait heurter ses propres intérêts.

Misérables royalistes, vils partisans d'une aristocratie infâme, telles sont vos assertions, & vous concluez de là qu'il faut s'assujettir à la volonté d'un seul ou du petit nombre, vous avez même l'impudence de donner à ces exécrables tyrannies le nom de gouvernement juste & bon; mais comment prétendez-vous d'abord démontrer la bonté d'une chose, à un peuple que vous supposez dépravé? ensuite ce qui ne convient qu'à la dépravation, peut-il être juste & bon? Si les peuples sont vraiment tels que vous les peignez & qu'ils ne puissent être autrement, comment pouvez-vous vous prétendre meilleurs ? Êtes-vous d'une eſpèce différente ? De quel droit dans tous les cas leur oppoſez-vous des réſiſtances ? D'après vos aſſertions ils ne peuvent être améliorés, pourquoi pour voiler vos forfaits, faites-vous donc étalage de bien public ? Convenez que vous n'êtes dirigés dans votre affreux ſyſtême que par l'orgueil & un vil intérêt privé, & que vous n'êtes que des oppreſſeurs. Vils impoſteurs, vous vous efforcez d'élever une barrière inſurmontable entre la vertu & les humains, mais la vérité eſt là pour renverſer votre ouvrage, & vous arracher le ſceptre defer avec lequel vous mutilez les nations.

Les plus beaux attributs des gouvernemens ſont la vérité, la publicité, la juſtice & la liberté de la preſſe. Trop long-temps ils ont été ſacrifiés à une politique auſſi ridicule que funeſte, ou à une diplomatie auſſi perfide que dangereuſe.

De la Vérité.

Si l'impoſture fut l'arme favorite des tyrans, la vertu fut & ſera toujours l'égide des nations. Quelqu'efforts que faſſent le deſpotiſme & l'arbitraire pour la détruire, il n'y parviendront jamais. Les peuples ont ſenti depuis long-temps qu'elle ſeule pouvait opérer leur bonheur, & les oppreſſeurs ont pris du moment où cette précieuſe découverte a été faite, tous les moyens de la dégrader, en colorant leurs forfaits des dehors de cette même vérité.

Des monſtres que leur hypocriſie peut ſeule nous faire connaître, ont avancé qu'elle pouvait quelquefois être dangereuſe ; mais peut-il y avoir autre choſe de dangereux que le crime & le menſonge ? Peut-on fonder la morale publique ſur d'autre baſe que ſur la vérité ? Tous ceux qui nous diſent que toutes vérités ne ſont pas bonnes à dire ne ſont-ils pas les auteurs de toutes les erreurs ? Ne peuvent-ils pas être regardés, à juſte titre, comme les fondateurs de l'immoralité ? N'eſt-ce pas parce qu'ils redoutent la vérité pour eux-mêmes, qu'ils oſent l'interdire aux autres ? Ne donnent-ils pas par-là une idée préciſe de leur lâcheté & de leur perfidie ?

De la Publicité.

Si la tyrannie ne travaille que dans l'ombre, c'eſt qu'elle craint de dévoiler ſes intentions qui ont toujours même dans ce qu'elle à l'air de faire de bien, pour but l'asservissement des peuples. Sous l'influence, au contraire, d'un gouvernement libre tout marche à découvert, parce que les intentions sont pures & qu'elles tendent toutes au bonheur commun. On n'a rien à redouter là de la publicité, parce qu'on n'y traite jamais que des intérêts de la grande famille & non de ceux d'un vil potentat ou de quelques autres brigands de la même espèce ; là on ne trouve pas de ces tigres diplomatiques qui veulent toujours remuer les nations par des fils secrets & étancher la soif qui les dévore dans le sang de générations entières.

Par tout où les agens d'un peuple mettent du mystère, ils travaillent à sa nullité. Qu'on n'objecte pas ici qu'on doit tromper même ses ennemis & ne pas leur faire connaître les coups qu'on veut leur porter ; d'abord, les hommes libres ne trompent pas même leurs ennemis, ils savent les combattre sans sortir de dessous les étendars de la bonne foi, de la franchise & de la loyauté ; ensuite quant aux connaissances que l'ennemi pourrait acquérir par la publicité de mesures prises contre lui, ceci ne peut devenir dangereux que pour les peuples qui veulent étendre le domaine des tyrans qui les oppriment. Les nations, au contraire, ne redoutent point ceci, parce qu'elles sont toujours en mesure pour fixer ou conserver les limites que leur intérêt leur prescrit de se donner, seul but que leur genie se propose. Si elles se trouvent attaquées, ou si elles se trouvent forcées d'attaquer, leur énergie & les moyens que la nature & l'art savent adapter à leur défense, voilà les seules armes qu'elles opposent à leurs ennemis ; elles ne font jamais précéder leurs forces par les tortuosités enfantées par la diplomatie des cours, mais seulement par une déclaration simple de leurs principes & de leurs résolutions ; elles ne cherchent jamais leur salut dans des non-valeurs de ruse & de politique, elles fondent avec la rapidité de l'éclair sur les hordes de la tyrannie, elles les dissolvent, & fières d'avoir vaincu, si elles ont outrepassé les limites territoriales qu'il leur importait de se fixer, elles y retournent sans orgueil & sans prétentions, donnent la paix au peuples. Si elles succombent momentanément, comme Anthée quand il touchait la terre, elles n'en deviennent que plus terribles & plus formidables, & c'est-là que le laurier joint à la branche d'olivier, apprend toujours aux générations qui suivent la valeur & la bonté des générations passées.

Il eſt aiſé de voir que ceux qui veulent introduire le myſtère chez les peuples libres, reſſemblent à ceux qui ne veulent pas que toute vérité ſoit bonne à dire; ils ont le même degré de lâcheté & de fourberie. Et quand eſt-ce cependant qu'un peuple peut être fort en raiſon des dangers qui le menacent ? N'eſt-ce pas lorſqu'il a ſous les yeux toute l'étendue de ces mêmes dangers ? Si on les lui cache, ſes réſolutions s'élèvent-elles au dégré qu'elles doivent avoir ? N'eſt-il pas évident qu'en les lui laiſſant ignorer ou en l'endormant par la confiance de meſures priſes dans le ſecret on veut ſe donner l'atroce plaiſir de le faire égorger en détail, & ſe priver des reſſources que pourrait lui fournir ſon genie ? Vils myſtériomanes ! Juſqu'à quand prétendrez-vous que vos conceptions ſurpaſſent celles des nations ? Avez-vous fait leur bonheur avec vos maximes ? Parlez ? En eſt-il une ſeule chez qui elles ſont en vigueur, qui ne gémiſſe ſous le poids de l'orgueil des tyrans ?

De la Juſtice.

Sous le règne de la tyrannie il n'exiſte point de juſtice. Les inſtitutions qu'on appele ainſi vendues au plus haut & dernier encheriſſeur, ne s'offrent là au malheur ou à l'innocence que comme un bourreau intraitable, ou comme enchaînées elles mêmes & ne pouvant donner aucun ſecours.

Chez les peuples libres, la juſtice entièrement dégagée de toutes entraves, marche d'un pas majeſtueux vers le crime & vers l'infortune, elle frappe le premier & conſole la derniere. L'inſtruction la précède toujours, armée du flambeau de la vérité, elle l'éclaire pendant qu'elle pèſe & améliore les deſtinées. C'eſt ſur-tout ſur les intentions que la juſtice pèſe ſes actes, & elle diſtingue avec ſoin celui qui la méconnaît par mauvaiſe foi & celui qui la méconnaît par ignorance. L'égalité qui veut que tous les hommes naiſſent libres & égaux en droits, quoique d'orgueilleux tyrans s'y oppoſent, eſt ſa plus fidèle compagne & ſa conſeillère.

Sous l'empire de la tyrannie, on diſtingue deux monſtruoſités dont l'une s'appele juſtice civile & l'autre juſtice criminelle. Il faut donner une idée de ces deux atrocités.

Celle que l'on appele juſtice civile, ne va pas juſqu'à priver les citoyens de la vie, mais elle les dépouillent des reſſources qu'ils n'avaient acquis qu'à force de travaux

vaux, & les porte au crime en ne favorisant que de vils usurpateurs. Celle ci semble aiguiser les instrumens dont la justice criminelle frappe ses victimes, & en même temps lui marquer celles qu'elle doit immoler.

Celle que l'on appele justice criminelle est celle qui inflige les peines, & cette dénomination lui convient parfaitement; car en effet, elle est bien criminelle cette prétendue justice des oppresseurs, qui ne fait traîner à l'échafaud que l'innocence & l'erreur, & n'en soustraire que le crime déhonté & puissant.

Chez un peuple libre, la justice qui est toujours civile & jamais criminelle, partage entre les membres de la grande famille, & les avantages & les peines. La violation des lois, soit qu'elles assurent la liberté & l'égalité, soit qu'elles garantissent la sûreté ou la propriété, sont pour elles un motif égal de sollicitude. On ne voit pas-là, la cupidité couverte des haillons de l'indigence, absorber les secours qui ne sont dus qu'au malheur; on n'y voit pas l'usurpateur d'une propriété armé de possessions & de prescriptions disputant sa proie, comme si une usurpation convertie en droit par la tyrannie, pouvait être légitimée aux yeux de l'inflexible raiſon. On n'y voit pas le vice dérouler en public le tableau de toutes les turpitudes, & donner des leçons infâmes à des hommes qui ne ſe fuſſent jamais enhardis à commettre le crime ſans cela ; les vociférations de l'uſurpateur y ſont proſcrites comme les tortuoſités d'un coupable homicide. Les entortillages des procédures, tous les rouages de la chicane , méchaniſme d'une éternelle diſcorde qu'on ne fait mouvoir qu'à force d'argent, d'encre & de bile, n'altère là ni la paix ni la fortune des familles. Il eſt vrai qu'il n'y a point de formes protectrices des vols faits ſur les propriétés foncières, il eſt vrai qu'il n'exiſte pas là non plus, de tribunaux criminels. Il eſt étonnant qu'on n'ait pas remarqué combien il était ridicule d'appeler criminels des tribunaux chargés d'exercer la juſtice.

De la liberté de la Preſſe.

Aſſez long-temps on a confondu la liberté avec le développement des ſentimens qui dégradent l'homme & l'enchaînent après l'avoir avili, & les idées ont néceſſairement ſuivi l'impulſion du ſentiment ; auſſi elles ſe ſont détériorées comme lui, par tout où la tyrannie force à la dureté de caractère l'homme qui pratique des vertus, & à la molesse ou à la lâcheté, celui qui a quelques dispositions à méconnaître sa dignité & à oublier que, non-seulement il doit être homme pour lui même, mais encore pour ceux avec lesquels il se trouve lié par des besoins, des droits & des devoirs.

De tous les ouvrages faits sur la liberté de la presse, il n'en est pas un seul qui n'en fasse l'éloge; & cependant très peu des apologistes en ont fait l'usage qu'ils devaient en faire. Presque tous ne s'en sont servis que pour river les fers des peuples; presque tous n'y ont eu recours que pour réhausser par de basses flagorneries, l'orgeuil & l'insolence des infâmes tyrans, presque tous ont écarté le point de fixité qui caractérise la liberté & n'ont élevé dans leurs écrits à sa place, que le trône de l'erreur, de la mauvaise foi & de tous les crimes, en tyraillant les peuples vers une indépendance mystique, ou vers l'esclavage dont l'horreur des chaînes étoit cachée sous les dehors d'un amour prétendu qui retrace à l'imagination les tableaux d'une volupté inaltérable, mais qui ne fut jamais réelle.

La liberté de la presse a un but plus pur, & elle n'existe réellement que là où la vérité caractérise tous les actes salutaires pour la propagation desquels elle est instituée. Alors seulement, par elle, l'opinion s'élève à toute la dignité qu'elle doit avoir, alors seulement, elle n'est redoutable que pour le crime & elle ne court pas les risques d'être mutilée où surchargée de fers par des assassins politiques que la tyrannie solde pour asservir les peuples.

L'amélioration de l'existence sociale fut toujours le résultat de la liberté de la presse. L'égalité, la liberté, la sûreté, & la propriété, voilà quels sont les objets dignes d'elle. Ne travailler qu'à assurer les premieres, agrandir les moyens qui peuvent garantir & améliorer la dernière, soit au moral, soit au physique, voilà quel doit être son but. La faire prétendre à autre chose, c'est la sortir de dessus sa base naturelle, & mal assise ailleurs, elle renverse tôt ou tard ceux qui l'on tdéplacée & ceux qui ont cru leur bonheur attaché à ce déplacement.

La liberté de la presse fut toujours un moyen sûr d'abattre le crime & de relever la vertu de l'état d'avilissement où celui-ci s'efforce de la tenir. C'est par elle seule qu'elle parviendra à infliger les peines dues à des monstres que la terre ne ſemble avoir vomi ſur ſa ſurface, que parce qu'elle avait horreur de les contenir dans ſon ſein. C'eſt par elle qu'on fera jouir des ſecours ſociaux, la vertu ſublime qui cherche dans ſes privations des armes contre l'aviliſſement.

Par tout où la liberté de la preſſe n'exiſte point, on peut aſſurer qu'il y a oppreſſion contre les peuples ; ceux-ci gémiſſent ſous un joug deſtructeur.

Des Peines.

Dans toute aſſociation où on eſt obligé de punir, l'opinion eſt préſumée trop faible pour réduire le crime à la nullité, & les devoirs ſont cenſés n'être pas connus de tous.

L'homme libre, par l'horreur de tout ce qui peut ravaler ſa dignité, n'eſt jamais enclin à commettre le crime.

Au ſortir de l'eſclavage où toutes les maximes du deſpotiſme ne ſont pas encore effacées, des peines ſont abſolument néceſſaires, pour en impoſer à des êtres que la terre ſemble repouſſer de ſa ſurface, parce que l'inſtruction ne peut rien ſur eux ; mais ces peines doivent être calquées ſur les vrais principes & non bâſées ſur des ſyſtêmes que la raiſon profcrit. Que les tyrans ne font - ils à l'inftant tous anéantis ! .. mais fi la fociété à été mutilée par un individu, loin de fuivre cet exemple de mutilation, elle doit tirer tout le parti poffibe des facultés de ce même individu, pour réparer les maux qu'il a occafionnés. Pour la garantie du contrat focial, elle doit repouffer toute idée de talionifme. Rien n'eft plus immoral, quand toutes les mefures font prifes pour empêcher l'homicide, que de voir homicider par la volonté de la fociété; rien de plus abfurde que de s'emparer pour elle des biens d'un condamné, quand celui-ci ne fubit de châtiment que pour s'être emparé du bien des autres, ne fait-on pas jouer aux affociations & ce par l'ignorance d'hommès qui fe font érigés en légiflateurs le rôle de celui qui, après avoir été volé fur une grande route, va attendre le fripon pour le voler à fon tour? La fociété ne doit pas fans doute de garantie à celui qui l'a attaquée foit directement foit dans un de fes membres, elle ne doit que des châtimens; mais peut-elle fans dangers, fans violer les grands principes, porter atteinte aux inftitutions qui maintiennent la divifion des propriétés par les fucceffions?... Il eft temps de renoncer à des systêmes que la barbarie & l'oubli de tous les droits & de tous les devoirs ont trop long-temps accrédités ; sans être dure, la société doit être sévère ; de l'humanité sans faiblesse, voilà les principes qui peuvent seuls rendre le lien social continu. Une seule peine me paraît devoir être infligée pour tous les délits, & cette peine doit être une réclusion dont la durée ne puisse être abrégée que par une pratique de vertu soutenue, & soigneusement augmentée quand l'inassiduité & le vice prennent le dessus.

Mais sera-t-elle suffisante pour comprimer les monstres qui, vendus à la tyrannie font parade des forfaits les plus inouis, & ne vivent que de proscriptions & de massacres ? Sera-t-elle suffisante contre des assassins payés par tout pour tuer la liberté dans ses plus courageux défenseurs & qui joignent à l'impudence du crime, l'espérance combinée de l'impunité ? Doit-on souffrir qu'ils puissent inspirer la terreur par la confiance qu'ils ont dans des fonctionnaires indignes de gérer la chose publique ?... Non. Dès que les tribunaux ne prononcent pas contre eux, il y a révolte contre le corps social, & c'est le cas d'appliquer des mesures de rigueur contre les rebelles, en commençant par les conſtitués en fonctions, qui n'ont pas pourſuivi le crime. *Salus populi ſuprema lex.* C'eſt ici le cas de mettre en action ce principe, laquelle action doit être préciſée par la légiſlation.

Tous les crimes des non-fonctionnaires publics, ſont abſolument des ramifications de ceux que commettent les fonctionnaires publics; il en eſt de même quant à la pratique des vertus. Que les hommes appelés à gérer la choſe publique puiſſent être facilement atteints & ſoigneuſement écartés quand ils mettent leur volonté à la place de la volonté nationale, & le problême de l'ordre ſocial ſera enfin réſolu. Trop long temps on a voulu ſouſtraire & on a ſouſtrait en effet les agens des nations à la reſponſabilité. Ce n'eſt cependant qu'en en exerçant une ſévère ſur toutes leurs actions qu'on préviendra tout retour à l'eſclavage, & qu'on anéantira toutes les maximes fondées par la tyrannie.

Des Récompenſes.

Je ne parlerai des récompenſes, que pour blâmer les inſtitutions qui les ont créées, & non pour y applaudir; & qui n'apperçoit pas qu'en consacrant des récompenses on dirige les esprits vers la cupidité ? Oui, l'homme qui aime les vertus, trouve trop de jouissance en faisant une bonne action, pour en exiger d'autre récompense que celle qu'il sent au dedans de lui-même. Il est convaincu lorsqu'il a fait de ses facultés l'usage qu'il en devait faire, qu'il a rempli un devoir dont il ne pouvait frustrer la société sans se rendre coupable ; il rougirait de voir monnoyer l'estime pupublique & de voir prodiguer la fortune générale pour récompenser ses actions, toutes ses prétentions se bornent à exiger conformément au vœu de la société, les secours que sa position rendrait indispensablement nécessaires.

Des Secours publics.

Les secours publics doivent être la propriété exclusive du malheur, autrement ils deviennent la proie de la paresse ou du crime. Les précautions les plus sages doivent être prises pour qu'ils ne soient pas dévorés par la perfidie qui se couvre de tous les manteaux pour ôter l'espoir au malheureux, l'exaspérer & lui faire déchirer le sein de la grande famille. Les ſecours publics doivent être diſtribués avec ſolemnité. Les jours où ils ſont donnés ſont des jours de fêtes pour les hommes libres. Ce n'eſt que par l'intérêt dont les font accompagner les ames ſenſibles, qu'ils deviennent le beaume ſalutaire qui guérit les cœurs ulcérés par l'infortune. Que l'être aſſez malheureux pour ne pas ſentir le prix de l'acte qui porte la conſolation dans le ſein des familles qui ſouvent ont préféré l'infortune, & cela pour conſerver intacte leur probité, aux brillans avantages que leur offraient de toutes part la dépravation, apprennent que la proſpérité n'eſt pas toujours la compagne de l'inſolence, de la dureté & de l'ambition. Qu'ils ſachent, au contraire, que les revers ſont une ſuite néceſſaire de tout ce qui fait tendre l'homme à l'iſolement par des jouiſſances qui, l'arrachant à lui-même, lui enlèvent le bien être.

Les ſecours publics doivent être diſtribués publiquement & l'hiſtoire de celui à qui ils ſont accordés faite ſommairement, doit précéder cette diſtribution. Il ne peut jamais exiſter un plus beau ſpectacle que celui du peuple ſe rendant au lieu où s'opère cette même diſtribution, pour applaudir de voir le malheureux arraché au déſeſpoir par le ſoin de tous. Ces ſecours ne reſſemblent plus alors à ces actes, que la tyrannie appele aumônes, acte que l'atrocité peut ſeule ſpécifier. Ils ne peuvent qu'élever l'ame de celui à qui ils ſont donnés au lieu de l'avilir. Celui qui en eſt l'objet ne ſe voit pas là condamné à marmoter de ridicules prières & à baiſer honteuſement une main fratricide. Il ne voit dans l'acte que fait la ſociété, que l'accompliſſement d'un devoir cher à tous les cœurs & non le déſir de ſatisfaire les prétentions de l'orgueil.

On ne ſaurait trop répéter que ſi l'harmonie ſociale exige impérieuſement que l'homme qui ne peut ſuffire à ſes beſoins, ſoit par le développement de ſes facultés morales, ſoit par celui de ſes facultés phyſiques, puiſſe avoir recours à la ſociété, il ſerait d'une extrême inconſéquence qu'il put être ſecouru ſans ce préalable. Car ce ſerait alors payer un tribut à la pareſſe, & ériger un trône à la mauvaiſe foi, ce que tout ami de ſon pays prendra toujours le plus grand ſoin d'éviter.

Des Réclamations.

Les réclamations ſoit qu'elles ayent

pour objet l'application des peines dues aux crimes, soit qu'elles ayent pour objet les secours dus à l'infortune, sont un droit inviolable & sacré, qu'on ne peut ni limiter ni écarter.

Toutes les réclamations supposent la privation des besoins ou phisiques ou moraux, & toutes doivent être scrupuleusement examinées. Il n'a pu paraître surprenant de voir des hommes appelés à rendre la justice sous les tyrans, écarter celles qui leur déplaisaient où qui n'entraient pas dans les vues de leurs partisans où dans les leurs propres; mais ceci doit être inconnu dans un pays libre.

Le droit de réclamer est comme tous les autres droits, la propriété par essence de la société; celle-ci en a délégué à tous ses membres l'exercice continu, pour le plus grand avantage commun.

Le droit de réclamer est donc la conséquence naturelle de tous les autres droits & a pour but, la conservation des principes qui servent de base au contrat social, & l'exécution des lois qui en dérivent.

Toute réclamation injuste est un crime contre la société, & celui qui l'a fait doit être puni. Le vœu de celles qui sont justes, doit être ponctuellement rempli, autrement il n'existe point de justice.

Des Fonctions & des Pouvoirs publics.

Les fonctions publiques & les pouvoirs publics, font une propriété de la société dont elle délègue l'exercice à une portion de ses membres, pour le triomphe de sa volonté.

Par tout où les fonctions publiques & les pouvoirs publics, ainsi que leur attribution, ne sont pas exactement déterminés, il n'y a que confusion, qu'arbitraire, & quelqu'effort que fasse un peuple pour conserver sa liberté, il n'y peut parvenir, s'il ne se hâte de les resserrer dans les bornes que les principes d'harmonie prescrivent impérieusement. Ces fonctions & ces pouvoirs doivent être tellement distribués qu'ils puissent atteindre toutes les parties de la société sans obstacle, & que celles-ci puissent y avoir recours sans froissement. Les unes & les autres ne doivent jamais être détournés au profit de celui qui les exerce. Le Gouvernement doit ressembler dans toutes ses parties à une mer de bienfaisance, qui alimente toutes les fractions de la société & est à son tour alimentée par elles; la loi doit être l'heureux levier qui fasse mouvoir le ressort du méchanisme social,

& opère cette continuité de flux & de reflux qui garantit, & la profpérité publique & le bonheur particulier.

Les fonctions publiques doivent être organifées de manière qu'il exifte, foit pour la légiflation, foit pour l'exécution, autant de parties féparées qu'il exifte de ramifications dans l'ordre focial, afin de prévenir les entraves qui naiffent de la confufion. Une partie des pouvoirs publics confiés pour l'exercice feulement à des mandataires à la légiflation, doit remplacer le defpotifme qui preffure toujours les peuples ; & des mefures doivent être prifes pour que ces mêmes mandataires n'abufent pas de ces pouvoirs.

De la partie du Pouvoir qui doit être exercée par des Mandataires à la légiflation & de l'organifation de ceux-ci.

Cette partie du pouvoir ne doit être fubordonnée à aucune des autres, mais feulement à ce que la raifon, la juftice, la fouveraineté des nations & l'harmonie fociale prefcrivent. Elle ne doit pas non plus pouvoir empiéter fur les autres, parce qu'alors il y a tyrannie. Son but eft de vivifier les principes du bonheur public, d'éclairer les peuples en préparant les actes qu'ils doivent convertir en lois. Son organisation doit être une, quoiqu'exercée par plusieurs, autrement elle devient une source intarissable de dissentions & de malheurs.

Que tous les peuples qui ont essayé de la liberté ne se sont ils pénétrés de cette vérité! la terre ne serait pas abreuvée de tant de sang : on ne verrait pas tant de membres de la grande famille palpitans sur sa surface. La mort ne menacerait pas l'enfant sur le sein desséché d'une mère affamée : le crime ne s'attacherait pas à dénaturer des générations entières en conspirant sans cesse contre leurs sentimens & leurs appetits : l'orgueil toujours atroce ne se surchargerait plus des dépouilles du malheur : le désespoir ne se verrait pas contraint de signaler des monstres qui font parade de tous les forfaits.

L'assemblée des mandataires à la législation doit être organisée de manière, qu'il y ait autant de comités qu'il existe de branches d'administration pour préparer le travail, afin qu'elle ne délibère que sur des objets reflèchis, sans cependant interdire à ses membres le droit de présenter leurs vues ; car ce serait alors attenter à la souveraineté nationale : autant de secrétaires dans son sein qu'il doit y avoir de comités, sont nécessaires pour rédiger ce qui est relatif à chaque partie administrative. Elle doit avoir son président, qui ne doit jamais émettre de vœu pendant sa présidence, mais recueillir les votes sur les questions qu'il doit soumettre à la décision & faire exécuter les lois relatives à l'ordre qui doit être observé dans l'assemblée. On s'est peu occupé jusqu'à ce jour de régulariser les actions du tout ou des parties d'une assemblée de mandataires à la législation, c'est ce à quoi les factions se sont toujours fortement opposées, parcequ'elles savent que lorsqu'il existe du désordre parmi ceux qui sont chargés de gouverner, ce désordre se propage bientôt du cercle à la circonférence, & les mettent à même de réaliser les crimes qu'elles méditent.

Les votes ne doivent jamais parmi les mandataires, être émis en masse ni secrétement, mais chaque membre doit être appellé nominativement à l'émettre publiquement sur la question mise en délibération. Le peuple doit connaître parmi ses mandataires, & ses amis & ses ennemis.

De la partie du Pouvoir qui doit être exercée par des Agens d'exécution.

Si les mandataires à la légiſlation exercent une partie des pouvoirs publics, pour préparer les lois conſervatrices des principes de raiſon & de juſtice, celle exercée par les agens d'exécution, doit avoir pour but de leur donner toute leur force, par une application ſoutenue. Les agens d'exécution doivent être aſſez forts pour exécuter & faire exécuter; tout ce qui pourrait les conduire à entraver, doit leur être ſoigneuſement retranché. Cette partie des pouvoirs publics, eſt eſſentiellement ſubordonnée à celle exercée par des mandataires à la légiſlation : ſon exercice ne peut être déterminé par la première, qu'en vertu des lois. Elle doit-être diviſée en deux parties, ſavoir, l'une adminiſtrative & l'autre judiciaire. Certains légiſtes ne trouveront pas bon que la partie judiciaire ſoit placée la dernière, ils n'indiqueront par-là, que les prétentions de leur orgueil & de leur ignorance; car vouloir que le jugement précède l'action, c'eſt vouloir que le premier repoſe ſur la pénurie des ſens.

De la partie adminiſtrative des Pouvoirs.

La partie adminiſtrative des pouvoirs a pour but, de répartir les avantages & les forces que des coaſſociés mettent en maſſe pour la conſervation de l'égalité, de leur liberté, de leur propriété & de leur ſûreté. Dans une grande république, il eſt néceſſaire pour l'exercice de la partie adminiſtrative des pouvoirs & pour rappeler à l'unité d'action, d'établir des limites territoriales, qui embraſſant d'abord les plus petites communes, s'agrandiſſent par dégré & correſpondent juſqu'au foyer d'exécution. Une adminiſtration centrale dont le travail ſoit diviſé en autant de parties qu'il exiſte d'objets adminiſtratifs, doit remplacer les miniſtres; mais ce remplacement doit être opéré par la volonté nationnale. Des adminiſtrations ſubalternes doivent préparer le travail de celles-ci & en faire exécuter en ſous ordre les réſultats. Comptables les unes envers les autres, quoique ne devant obéir qu'en vertu des lois, elles doivent être ſoumiſes à une hiérarchie poſitive; on ne doit pas permettre qu'elles s'écartent du but de leur inſtitution, ni qu'elles puiſſent faire regarder comme nuls, les pouvoirs dont l'exercice leur eſt confié ; car dans le 1.er cas, elles porteraient atteinte à l'égalité, à la liberté, à la ſûreté, & à la propriété, & dans le ſecond elles ſouffriraient que cette atteinte fut portée , ce qui donnerait un réſultat nuiſible. Les adminiſtrations , quoique ſubordonnées , ne doivent agir qu'en vertu des lois & conformément à ce qu'elles preſcrivent

De la partie judiciaire des Pouvoirs.

Si le pouvoir adminiſtratif eſt inſtitué pour faire jouir de tous les avantages que les coaſſoſſiés mettent en maſſe pour l'intérêt commun , la partie judiciaire des pouvoirs a pour but, d'appliquer les peines , qu'encouront ceux , qui violent les principes ſur leſquels ſont fondés ces mêmes avantages. Il n'eſt pas néceſſaire d'établir de tribunaux hiérarchiques pour cette partie du pouvoir public ; mais il doit y en avoir de ſimples ſur chaque partie territoriale limitée , de manière que les citoyens ne puiſſent être longtemps diſtraits de leurs travaux , pour les recherches à faire lors de l'exiſtence d'un délit. Ces tribunaux doivent pouvoir prononcer , ſoit contre l'homme privé, ſoit contre l'homme public , les peines portées contre ceux qui attentent, soit à la liberté, soit à l'égalité, soit à la sûreté, soit à la propriété publique ou privée. Les administrations doivent fournir quand elles en sont requises, les moyens d'exécuter les actes de ce pouvoir.

On trouvera surprenant de ce que je ne rétablisse pas des tribunaux de plusieurs classes ; mais pourquoi en établir de tels, puisqu'on peut sans inconvénient conférer aux premiers, la portion du pouvoir nécessaire pour prononcer la peine ? M'objectera-t'on que les fonctionnaires publics doivent être cités à des tribunaux créés pour eux ? Est-ce qu'un fonctionnaire public, n'est pas dépouillé de l'exercice du pouvoir lorsqu'il est accusé, jusqu'à ce qu'il soit lavé des accusations dirigées contre lui ? Doit-il exister des privilèges, pour les hommes contre lesquels il existe des réclamations ? N'est-il pas ensuite ridicule de transplanter des faits pour en apprécier le fonds ? L'altération n'est t-elle pas une conséquence de cette transplantation ? Il n'appartient qu'aux criminelles constitutions des tyrans de vouloir établir, & des peines & des tribunaux classiques, pour blanchir à leur gré le coupable, & punir le plus souvent l'innocence ; loin des regards des sections du peuple rapprochées des locacités où ſe ſont commis des délits qui donnent matière aux inculpations.

Où la liberté exiſte, les tribunaux doivent pouvoir prononcer de ſuite contre les inculpés ou leurs accuſateurs, ſi les réclamations ſont fauſſes, & une reſponſabilité doit péſer inévitablement ſur ceux qui en ſont membres, s'ils violent les principes qui doivent ſervir de baſe à leurs actes.

De la garantie des fonctionnaires publics, contre les uſurpations de pouvoir & des citoyens contre les abus de pouvoir.

La liberté conſiſtant dans la garantie, les pouvoirs publics ne peuvent être uſurpés, & ceux qui ſont chargés de leur exercice, n'en pourront point abuſer. Il eſt néceſſaire pour atteindre ce double but, de créer des tribunaux de ſurveillance auprès des agens chargés de la rédaction des lois, & de ceux chargés de leurs exécution. Ces tribunaux hiérarchiquement établis comme les adminiſtrations ne doivent point correſpondre entre eux & ne doivent aucunement s'immiſcer dans l'exercice des pouvoirs publics : leurs fonctions doivent ſe borner à ſurveiller les fonctionnaires auprès de qui ils ſe trouvent;

à faire connaître au peuple les prévarications de ces mêmes fonctionnaires & à le convoquer pour prononcer à leur égard. Ils ne doivent le convoquer qu'après avoir acquis la preuve des prévarications, & celui que le peuple déclare coupable, doit être aussi-tôt traduit au tribunal pour l'application de la peine due à son crime. Il me paraîtrait convenable que les candidats proposés pour l'exercice des fonctions publiques, desquels je parlerai article élection, exerçassent la surveillance.

Quand ils convoquent le peuple, ils doivent se trouver à leur poste, & ne pas être eux-mêmes à l'abri de son jugement, si quelqu'un adressait des preuves de prévarication faite par eux.

Quand un tribunal de surveillance accuserait un fonctionnaire de prévarication, il serait tenu de mettre sous les yeux du peuple, les preuves de cette même prévarication. Le tribunal de surveillance, chargé de celles des mandataires à la législation, & celui chargé de celle des agens placés au centre d'exécution seraient formés en autant de bureaux qu'il y aurait de branches administratives, & s'assembleraient toutes les fois que l'un des bureaux le requérait. Leur assemblée n'aurait lieu que quand il y aurait lieu à convoquer le peuple ; & l'objet n'en ſerait connu que le jour de la convocation : ils ſeraient reſponſables de la moindre négligence & du moindre retard qu'ils mettraient à faire connaître au peuple le prévaricateur.

Pour donner la force néceſſaire à de pareilles inſtitutions, il faut former des citoyens qui, connaiſſant leurs droits & leurs devoirs, ne puiſſent être victimes de l'intrigue ; c'eſt pourquoi je vais traiter de l'éducation.

De l'Éducation publique.

L'éducation publique bien dirigée eſt la garantie la plus ſûre du contrat ſocial. Toutes les fois que le dernier, n'eſt pas appuyé par la première, quelque bonne que ſoit la légiſlation, elle manque ſon but : les principes d'harmonie courent tous les jours les riſques de ſubir de l'altération. Mais avant d'entrer dans d'autres détails, voyons ce qu'eſt l'homme dès qu'il vient augmenter la maſſe ſociale, & quelle direction on doit donner à ſes facultés.

L'homme dès ſon exiſtence, appartient à la grande famille, & c'eſt par ſuite des plans deſpotiques qui ont accablé l'epèce, qu'on l'a toujours fait regarder comme la propriété des individus. Il était assez présumable que la tyrannie chercherait à accréditer les idées qui tendent à consacrer en principe de semblables horreurs, même dans les plus petites associations, puisqu'elle voulait que tout fut regardé comme son bien propre, & que le préjugé de la propriété des individus, étant établi, son triomphe devenait certain. Mais lorsque la vérité éclaire les hommes, pourrions-nous céder plus long-temps à l'influence de maximes aussi funestes ? . . . Non.

L'homme appartenant à la société, toutes ses facultés doivent être tournées par l'éducation, vers l'harmonie sociale. C'est à elle à pourvoir à cette même éducation & à son instruction. On contestera peut-être le principe sur lequel j'appuye mes idées ; mais alors, sans s'arrêter à ce qui est, on remontera à la source des choses.

Quel plan doit on suivre pour l'éducation.

Voilà une de ces questions souvent mises en problême, résolues par plusieurs avec une légereté qui décelle souvent l'ignorance & plus souvent encore la mauvaise foi. Rousseau qu'on ne jugea digne de paſſer à la poſtérité qu'après des contemporains qui ne le valurent jamais, eſt peut-être le ſeul qui ait tourné à cet égard ſes vues vers le but ſocial, & qui n'ait pas craint d'heurter des préjugés invétérés. C'eſt dans ſon Émile qu'on peut puiſer de grandes leçons ſur cet objet. C'eſt-là où les pères & mères trouvent le complément de leurs devoirs à l'égard des enfans. Il leur fait ſentir les dangers de confier ce ſoin à des nourrices. Et en effet, ſi les pères & mères ne s'accoutument pas à remplir les devoirs que leur impoſe le lien qui les unit, les enfans peuvent-ils être diſpoſés à remplir les leur à l'égard de ces mêmes pères & mères, lorſque la vieilleſſe qui eſt une ſeconde enfance, vient les accabler? Que les êtres qui renoncent ſans difficulté à la tendreſſe paternelle & maternelle, réfléchiſſent un moment ſur le ſort qu'ils ſe préparent, qu'ils faſſent attention aux maux qui menacent d'empoiſonner les derniers momens de leur exiſtence; qu'ils connaiſſent enfin, & rempliſſent toute l'étendue de leurs devoirs, il en eſt temps encore, s'ils veulent ſe ménager les ſecours de la piété filiale. La nature n'a donné à l'homme deux âges qui indiquent également la faibleſſe que pour entretenir la réciprocité & donner une force continue au lien social ; & rien n'indique plus la férocité, que ce respect exigé des enfans par des pères qui, tous les jours s'efforcent de dénaturer l'appetit de ces mêmes enfans. On ne peut que déclarer criminelle la génération qui, en dépravant l'appetit des enfans cherche à les asservir à ses préjugés ; elle conspire contre la lumière, contre l'éternelle vérité.

De l'Instruction & de l'Admission au droit de Cité.

Les enfans commençans à développer leurs facultés physiques & morales, le moment de les instruire est venu ; mais pourquoi alors un pédagogue avec sa férule en main, ou avec de basses flagorneries exige-t'il d'eux, des idées ou des expressions qu'il ne connaît souvent pas lui-même ? Est-il rien de plus absurde que la conduite de ces hommes qu'on appele maîtres d'école, & qui décele mieux cette absurdité que l'inapplication & les ridicules jettés par les enfans, sur ces prétendus maîtres d'école ? Est-il rien de plus immoral que leur souplesse ou leur dureté ? Ne façonne-t'elle pas à la tyrannie ou à l'efclavage par l'exemple ? N'écarte-t'elle pas du vrai, & par conféquent, ne détruit-elle pas tout ce qui peut conduire l'homme à juger fainement ? Ne l'accoutume-t'elle pas à ne voir de devoir que dans la crainte de fubir des peines & à les oublier tous, quand il eft raffermi contre cette même crainte ? Si on mettait à profit le fentiment de curiofité inné dans l'homme avec celui de fes befoins & qu'on les tournat à l'avantage de la fociété, fe laifferait-il jamais avilir ? Au lieu de fatiguer l'imagination des enfans, de la faturer d'idées fortes quand tout en eux indique la faibleffe, pourquoi n'a-t'on pas fuivi le cours de la nature ? Il n'eft pas difficile de le deviner; c'eft qu'on vouloit empêcher le développement des fentimens qui élèvent l'homme vers celui de fa dignité ; c'eft qu'on voulait le dégrader pour l'affervir.

O Rouffeau, que n'as-tu généralifé toi-même le plan d'inftruction de ton élève !... Mais la tyrannie ne t'a pas permis de développer tes idées jufques-là.

Pour atteindre le but d'inftruction qu'on doit fe propofer, je penfe qu'il eft effentiel d'organifer les écoles d'après le plan d'organifation de la fociété ; & fi les tyrans confièrent le foin d'inftruire la jeuneffe à des tyrans fubalternes, des hommes libres doivent faire remplir cet objet, par des instituteurs dont les maximes soient diamétralement opposées à celles avec lesquelles on regente des esclaves.

Et pourquoi n'habituerait-on pas les enfans dans les écoles à administrer, à rendre la justice ? Pourquoi des administrations composées de ceux que la petite famille aurait choisi, ne distribueraient elles pas les avantages, pendant qu'un petit tribunal appliquerait les peines ? Pourquoi un petit code de droit & de devoir ne remplacerait-il pas l'insolence des pédagogues ? Pourquoi n'y verrait-on pas aussi de petits tribunaux de surveillance ? Pourquoi, enfin, dans toutes les écoles périodiques, ne retrouverait-on pas tout ce qui peut contribuer, & au maintien de l'ordre social, & à la garantie de la liberté ? Pourquoi n'y apporterait-on pas & le même mode d'élection, & les mêmes moyens de repression, que dans la grande famille ? On ne pourrait cependant qu'y gagner. Les instituteurs ne seraient plus des pédans acariâtres ; par conséquent ils ne dégoûteraient pas les enfans de l'instruction en les aigrissant : ils fourniraient les leçons à apprendre, les remplaceraient quand elles seraient connues : elles devraient toujours être plutôt pratiques que théoriques.

Ils ne puniraient jamais par eux-mêmes ; mais requerraient le tribunal de prononcer ſur ceux qui auraient violé les principes. Ils recueilleraient les traits de vertu de leurs élèves , ils feraient l'hiſtorique de leur avancement & de leurs inclinations , & ils veilleraient à ce que ces mêmes élèves paſſaſſent aux écoles majeures , quand ils auraient exercé pendant un délai déterminé , & les fonctions administratives , & les fonctions judiciaires.

Quant au mode d'inſtruction , il eſt abſolument indiſpenſable de repouſſer tout ce qui était uſité ſous l'empire de la tyrannie ; il eſt de toute néceſſité d'écarter un fatras de livres dont l'aſpect ſeul raſſaſie la tendre imagination des enfans. En les initiant aux lettres alphabétiques , je penſe qu'on devrait les leur remettre par les mains des inſtituteurs , & ne les retirer que quand ils auraient appris à les connaître & à les figurer ; par ce moyen ils apprendraient à lire & à écrire en même temps. J'ai choiſi l'exemple le plus rapproché de tout le monde , pour donner une idée de ce que je crois devoir être adopté en ce genre.

L'inſtruction attribuée à chaque école , doit être périodiquement diſtribuée ; & cette diſtribution doit être ſi ſagement combinée qu'elle ſuffiſe aux beſoins moraux, & qu'elle ne ſoit jamais ſuſceptible de diminution ou d'augmentation, dans la manière de l'adminiſtrer.

Lorſque la force d'un élève lui permettrait de ſe livrer à un genre de travail qui tienne aux ſciences ou aux arts, tout devrait concourir alors au développement de ſes facultés. Rien n'eſt auſſi ridiculement conçu que l'idée de faire ſuivre à des élèves une route oppoſée à celle que preſcrit impérieuſement la nature. Le deſpotiſme qui ne ſait que mettre le crime à l'ordre du jour par des exaſpérations ou par des flatteries, a pu ſeul produire une pareille monſtruoſité qui doit rentrer avec lui dans les abymes du néant.

Les écoles doivent avoir comme les adminiſtrations, un emplacement fixe ſitué près de ces dernieres. Les inſtituteurs ne doivent correſpondre entre eux, que ſur les progrès & diſpoſitions de leurs élèves. Une hiérarchie poſitive doit être établie pour cet objet. La tenue des maiſons d'éducation & d'inſtruction, doit avoir pour baſe l'égalité. Ceux qui attentent dans ces écoles à cette même égalité, à la liberté, à la ſûreté & à la propreté, doivent être jugés de la même manière que dans la grande famille, en proportionnant le temps de détention à la faibleſſe des enfans. Ils doivent pouvoir abréger leur détention par la pratique des vertus de leur âge , comme elle doit - être augmentée quand le vice prend le deſſus.

Je n'entrerai point dans le détail de ce qui doit-être l'objet d'inſtruction de chaque école, je ne traite que le principe & je laiſſe aux hommes exercés , à donner leurs vues ſur cette matière. J'ajouterai une réflexion ſur l'inſtruction des deux ſexes.

L'homme ſemble né pour acquérir , la femme pour conſerver: il eſt donc eſſentiel de donner à leur inſtruction ſéparée le but que la nature paraît preſcrire. Sans cela on verra toujours ſe renouveller ces ſcandaleux évènemens marqués par la plus profonde immoralité, qui ſubſtituent le caractère féminin au maſculin & le maſculin au féminin ; on verra confuſionner des ſentimens qui, bien ordonnés ſont le plus ſûr garant du bonheur ſocial.

Par une attention ſcrupuleuſe les élèves arriveront au moment où l'amour ſe fait le plus vivement ſentir , où les paſſions violentes fermentent avec le plus de vigueur ; dans des fêtes nationales où doit toujours ſe trouver la jeuneſſe, ceux des deux ſexes ſe verront ; ils formeront des inclinations ; instituteurs & institutrices ; prenez garde de porter atteinte aux penchans de ces cœurs purs & vertueux ; le plus beau moment est arrivé de leur faire regarder leur instruction comme le préliminaire de l'accomplissement de leurs désirs ; c'est alors qu'ils doivent exclusivement attendre leur bonheur du complément de cette même instruction, & de la pratique des vertus qui caractérisent le civisme vrai & pur. Alors doit être écarté d'eux, tout ce qui peut porter l'exaspération dans leurs sens ; alors les instituteurs & institutrices, doivent s'assurer si les inclinations de leurs élèves sont réciproques ; & si elles n'ont pas ce caractère, ils doivent eux-mêmes, chercher à former d'autres nœuds où cette réciprocité se rencontre. Ils seront d'autant mieux assurés de les guérir des premiers, qu'ils auraient mérité la confiance de leurs élèves, par une conduite toujours franche & sans détours.

Les élèves parviendraient à la fin de leur instruction, ils auraient fixé un choix sous les yeux de leurs instituteurs ; prêts alors de faire un acte essentiel, la société doit leur accorder le titre de citoyens ; ils doivent être inscrits comme tels, & appelés à gérer les affaires publiques, si on les juge dignes d'avoir la confiance.

Lorsqu'une

Lorſqu'une génération ſerait ainſi formée, elle ſaurait ſans doute apprécier ſes droits & connaître ſes devoirs.

On doit ſentir que la néceſſité d'inſtituer des fonctions pour adminiſtrer les avantages moraux, n'eſt pas moins urgente que celle d'inſtituer des fonctions pour adminiſter ceux phyſiques. On doit ſentir auſſi de qu'elle importance il eſt que tous les enfans ſoient inſtruits aux frais publics, pour faire diſparaître l'orgueil des familles marche-pied ordinaire des tyrans, & de quel intérêt il eſt que les inſtituteurs & inſtitutrices ſoient élus comme les autres fonctionnaires publics.

Mais les pères & mères doivent-ils être privés du plaiſir d'élèver les enfans que la nature a donné à la ſociété par leur intermédiaire ? Je ne le penſe pas ; mais j'opinerai toujours pour que ceux élèvés ailleurs que dans les écoles publiques ne ſoient admis à l'exerçice des droits civils, qu'autant qu'ils auront appris tout ce qu'on doit ſavoir dans ces écoles, voilà pour les republicoles. Il faut auſſi former au civiſme les non-républicoles qui deviennent républicoles. C'eſt de quoi je vais traiter.

De l'admission des non Républicoles au droit de cité.

L'intérêt de tous les peuples, fut de donner un asyle à l'infortune que la tyrannie poursuit, & de repousser l'être criminel qui ose se réfugier parmi eux. Hospitalité à l'innocence, point de ménagement pour le crime. Voilà quel doit être une de leurs déclarations. Hé ! quoi, est-il rien qui caractérise davantage le besoin que les tyrans ont de la scélératesse, que cette protection qu'ils lui accordent sur le territoire qu'ils ont l'audace d'appeler leur propriété ? Hommes libres de tous les pays « levez-vous pour empêcher que la » lâcheté, l'imposture, la trahison, la » tyrannie & tous les fléaux qui tour- » mentent le monde, n'usurpent pas plus » long-temps les droits de l'hospitalité » qui n'appartiennent qu'à la vertu & à la » probité. Que la dignité des nations ne » soit plus assujettie aux calculs de mons- » tres, qui sur ses débris voudraient fon- » der les monumens de la stupidité & de » l'orgueil. O morale ! ô bonne foi, viens aux secours des peuples !... Mais il semble que les hommes soient convenus de se tromper mutuellement. Se plaindre ſans ceſſe les uns des autres ; être dans un état perpétuel de guerre inteſtine, voilà ce qu'ils préfèrent à la ſageſſe. Il ſemble que l'eſpèce doit être énervée par un combat opiniâtre, avant qu'une vérité, qu'une bonne inſtitution, prenne le deſſus. Tyrans cruels, perfides oppreſſeurs, voilà votre ouvrage ! Montres affreux ! vous éprouvez vous-même les tourmens que vous faites endurer aux humains ; les furies vous accompagnent par tout ; l'ambition, l'orgueil dévorent vos entrailles ; & vous n'êtes pas las d'être ſurchargé du poids de la férocité & de la plus ſtupide arrogance ! . . . Mais pourquoi s'avilir juſqu'à parler d'êtres qui ne peuvent inſpirer que la plus profonde horreur, & pour qui les leçons de la ſageſſe ſont d'une nullité abſolue. C'eſt une extravagance. Il faut donc les laiſſer-là, & après avoir déterminé que les hommes probes & qui pratiquent les vertus, doivent ſeuls trouver aſyle & protection chez les peuples libres, il eſt eſſentiel de ſavoir comment on doit admettre ces mêmes hommes au droit de cité.

Il n'eſt pas poſſible ſans d'extrêmes inconvéniens d'adopter à cet égard ce qui a été uſité juſqu'à ce jour. Recevoir un étranger à l'aſſociation, ſans ſavoir ſi la législation du pays lui est connue & sans s'en assurer c'est s'exposer à devenir le jouet de l'intrigue, de la fourberie, de tout ce que peut inventer de plus raffiné l'atroce perfidie ; c'est exposer la législation à se corrompre ; c'est perdre de vue toutes les leçons de la sagesse & de l'expérience. Avant l'admission d'un étranger à l'exercice des droits de cité, je crois qu'il est nécessaire qu'il sache ce que les républicoles doivent apprendre dans les écoles nationales ; sans ce préalable, on se verra obligé de le punir pour la violation des lois qu'il ignore, & plus souvent de suspendre l'application de peines nécessaires ; ce qui ne peut avoir lieu sans danger. Le moindre relâchement dans l'observation des principes & dans l'exécution des lois, produit les plus funestes effets, & il est plus que temps que les institutions soient maintenues avec la plus infléxible sévérité & la plus grande exactitude.

Des droits d'Élire & des Élections.

Après avoir formé des citoyens, il faut aussi dans la société des fonctionnaires publics & ceci ne peut se faire que par des élections. Qu'on n'appele pas ainsi l'acte par lequel les tyrans nomment des oppresseurs en sous ordre, ceci n'a rien de commun avec l'exercice du droit que les peuples ont d'élire leurs mandataires, c'est en vain qu'on voudrait trouver là des similitudes.

Le droit d'élire est une conséquence naturelle des principes de la souveraineté des peuples. Comme celle-ci, il est inaliénable, intransmissible, indivisible. Son exercice ne peut être limité que là où commencent les bornes d'un autre association. Que les usurpateurs de ce droit sacré des peuples, ne croyent pas pouvoir légitimer l'acte par lequel ils sont parvenus à le lui ravir. Qu'ils n'espèrent pas non plus légaliser celui par lequel ils enlèvent à leurs voisins ceux qui pourraient contribuer à augmenter la masse de leurs lumières. Ils ne peuvent trouver grace aux yeux de la raison. Ils portent atteinte à la propriété des nations.

Des intérêts politiques ont engagé de prétendus législateurs à exclure du droit d'élire, des hommes qu'ils supposaient pouvoirs être corrompus ; mais dans une société libre peut-on exclure quelqu'un de l'exercice des droits communs sans l'armer contre l'association ? Peut-on introduire cette espèce de servitude & conserver les principes dans leur pureté ? N'a-t'on pas lieu d'appréhender que ceux qui ne pourraient employer l'intrigue pour se faire élire, n'y parvinssent par des moyens de terreur auxquels la violation des droits, pourrait imprimer un caractère de légitimité ? Qu'ils répondent ces êtres infâmes, qui protègent exclusivement celui qui est riche en n'accordant de droits qu'à lui seul, & qui après avoir reconnu que lui seul pouvait être dangereux, ont lâchement consacré l'ilotisme en principes ? Pensent-ils plus long-temps aveugler les masses nationales ? Pensent-ils les tromper impunément ? Pensent ils qu'on puisse être encore dupes de ceux qui, recommandant sans cesse la fraternité & l'union, classifient les hommes comme s'ils étaient d'espèce différente ? Qu'ils se détrompent. Quoi ils voudraient nous faire croire à leurs bonnes intentions, quand ils consacrent les plus méprisables systêmes d'isolement ; quand la tyrannie par tout coalisée pour perdre la liberté, fait aussi par tout entendre les sinistres accens de l'imposture & du fanatisme, pendant que l'homme libre ne peut communiquer ses vues générales à d'autres hommes libres. Non, non tyrans, vous ne nous abuserez plus. C'est en vain que vous avez établi une ligne de démarcation entre celui que la fortune comble de ses présens & celui que l'infortune accable ; vous n'échapperez pas à la vérité qui vous poursuit, à la justice qui vous menace. N'espérez pas nous dérober la connaissance de votre insigne mauvaise foi, elle se décele d'elle même, quand joignant l'astuce à la fourberie, vous appelez des hommes que vous vouez à l'esclavage, à sanctionner leur propre avilissement. Et vous avez l'audace d'appeler ceci sage politique ! Quelle horrible manière de caractériser la sagesse ! .... Mais après avoir combattu la perfidie de ceux qui veulent que l'homme infortuné soit privé de l'exercice des droits communs, je passe au mode d'élection que je crois le plus convenable d'adopter.

Tous ces modes ont paru vicieux jusqu'à ce jour ; mais il est possible de remédier aux abus auxquels on a été esservi, & de soustraire les élections aux calculs de la cabale & de l'intrigue. Il n'y a qu'un leger changement à faire dans le mode actuellement adopté en France, & le voilà, c'est que les électeurs au lieu de nommer définitivement, ne puissent élire que des candidats auxquels le peuple serait appelé à donner sa confiance, ou qu'il rejetterait ſuivant ſes intérêts. Ces candidats élus au triple des fonctionnaires qu'ils devraient remplacer & qui rempliraient les fonctions de ſurveillans juſqu'aux élections ſuivantes, pourraient être ſoigneuſement obſervés, & le peuple ſerait en garde contre l'immoralité qui trop ſouvent triomphe par l'hypocriſie de l'ignorance & de la crédulité. Lorſque le choix du peuple pour les mandataires à la légiſlation ſerait fait, les électeurs nommeraient parmi les candidats reſtans, les agens d'exécution.

Il eſt néceſſaire d'obſerver qu'on a toujours mis peu d'importance dans le choix des fonctionnaires publics, & qu'on n'a pas aſſez ſenti l'intérêt de ne confier l'exercice des pouvoirs, qu'à des hommes d'une probité intacte. On n'a pas réfléchi que ſi dans un pays il ſe commet des crimes, c'eſt toujours parce que le fonctionnaire public eſt diſpoſé a en commettre lui-même; & on ne doit pas craindre de dire que la terre n'eut pas été trempée de ſang humain & couverte de deuil, ſi les conſtitués en fonctions au lieu d'écouter la voix de l'orgueil, de l'ambition & de la cupidité, n'avaient écouté que celle de leur devoir; s'ils euſſent toujours donné l'exemple des vertus, on ne verrait pas par tout le citadin aux prises avec l'habitant des campagnes. Le despotisme également ennemi du commerce, des arts, de l'agriculture & des sciences, n'alimenterait pas la guerre intestine qui les dévore; & l'égoisme ce fléau des sociétés disparaîtrait bientôt avec les horreurs de la disette qu'attend & que prépare toujours la ligue impie des tyrans. Après avoir établi que c'est au peuple à élire tous les fonctionnaires publics & avoir fait appercevoir de quel intérêt sont ces élections, j'en étends le mode aux armées, où l'ambition couverte de tous les manteaux repousse la vertu; applaudit à la perte du vrai républicain, perte souvent hâtée par la force des ressorts que fait mouvoir l'intrigue; & j'ajoute pour complément, afin que le peuple puisse juger la conduite de ses électeurs, soit aux armées ou ailleurs, que les votes doivent être émis publiquement & à haute voix. Il est aisé de prévoir les objections qu'on fera à cet égard; la politique sera encore invoquée, mais la cause des peuples doit-elle donc être toujours subordonnée à celle de leurs agens? Ne pourra-t'on jamais concilier le bon ordre avec la subordination des derniers aux premiers? Les nations pourront-elles se dire souveraines, tant que ceux à qui elles confient l'exercice de leurs pouvoirs seront en état de guerre continuel contre elles, & tant qu'ils paraîtront plus occupés d'usurper ces mêmes pouvoirs, qu'à faire ressentir des avantages pour la dispensation desquels l'exercice leur en est confié ? Qu'on réponde à ceci.

Doit-il exister des distinctions entre les hommes pour le maintien de l'ordre social.

Dans une association libre & il n'existe vraiment de société que là où la liberté sert de base aux institutions, l'homme appelé à l'exercice de ses droits, ne peut être regardé que comme fonctionnaire public, ou comme fonctionnaire privé. Toutes les autres distinctions qu'on prétendrait introduire, ne peuvent appartenir aux lumières & aux principes, & ne sont que des productions de l'orgueil. Cette décision pourra déplaire à certains êtres qui ne se repaissent que de dominations & de bigarures dont le burlesque est bien assorti aux personnages ; mais je ne prétends pas aussi, qu'il y ait intérêt de chamarer la société, & je ne prends la peine de regarder les bigarures, que comme des arlequinades qui ne paroissent sur la ſcene du monde, que pour le divertir & non pour lui inſpirer de la crainte. Avertir de cela les décorés de croix, de cordons, de rubans, de crachats, c'eſt quelque choſe ; en attendant que la ſotiſe qui les honore encore par l'erreur, s'éclaire & les place dans les chenevières pour y ſervir d'épouvantails.

Les femmes doivent-elles être admiſes à exercer les droits communs.

On ne peut ſans une injuſtice marquée, les laiſſer plus long-temps aſſervies au joug des préjugés & de la barbarie. Rien de plus abſurde que de vouloir que les femmes obéiſſent à des lois qu'elles ne ſont appelées ni à conſentir ni à connaître. Rien de plus ridicule & de plus fait pour inſpirer de l'horreur en même temps, que les lâches flatteries qu'on leur prodigue en public, tandis que dans le privé, on les maltraite ſous tous les rapports. Rien de moins conſéquent que de voir les hommes faire ſur une femme, l'application de peines qui ne ſemblent faites que pour ceux qui prévariquent parmi eux. Les hommes ne ſont pas faits pour ſtatuer ſur ce qui regarde ce ſexe. L'homme eſt né pour régler tout ce qui convient au développement de ses forces, mais non pour tyranniser un sexe avec lequel l'intérêt de sa réproduction seule, l'engage ou doit l'engager à s'unir. Les femmes doivent être elles mêmes appelées à composer une législation faite pour elles. Elles seules peuvent déterminer ce qui leur convient, elles seules connaissent & leurs forces physiques & leurs forces morales. Dans l'établissement de lois faites pour elles & par elles, elles auront beaucoup à redouter de celles qui, s'étant livrées à toutes les débauches, sont exercées dans l'art des intrigues ; celles-ci se couvriront des dehors imposans de celles qui pratiquent les vertus. Les en avertir c'est avoir rempli un devoir à leur égard. L'homme qui sent le prix de sa dignité, ne désirera jamais avoir une esclave pour compagne. Quelqu'objections qu'on fasse sur cet objet ; elles tomberont d'elles-mêmes.

Des Actes de l'homme. Leur but.

Les actes de l'homme en général, doivent avoir pour but l'harmonie sociale, pour base la vérité ; la bonne foi doit les dicter, & ils doivent avoir un caractère d'authenticité qui les mette à l'abri des tentatives de la mauvaise foi. Tous ceux de l'homme privé comme de l'homme public qui sont contraires aux lois, doivent être nuls, & les auteurs doivent être réprimés. Des fonctionnaires publics doivent être établis pour recevoir tous les actes de l'homme privé.

Les actes de l'homme privé, ont un caractère conditionnel ou définitif. Je passe de suite à celui qu'on peut regarder comme le plus intéressant qu'il puisse, faire le mariage, puisque de lui dépend le sort des générations.

Du Mariage.

S'il est un acte intéressant par-dessus tous, c'est le mariage. C'est pour ainsi dire le premier acte de l'homme qui ait quelqu'importance. C'est de lui que dépend l'existence de la société. Cet acte fait avec une légèreté inconcevable chez des esclaves, ne peut atteindre le but qu'on doit se proposer en unissant les deux sexes. Il faut être libre, pour sentir le prix d'une pareille union, & pour qu'elle ait le résultat qu'on en doit attendre. Qu'il me serait doux de pouvoir soustraire l'homme dès le principe de sa vie, aux calculs de l'artifice, de l'ambition, de la fripon-

nerie, de la lâcheté & des malheurs qu'enfantent les préjugés ! « Républicains de
» tous les pays, c'eſt votre génie ſeul
» qui peut garantir le droit & aſſurer le
» ſort des générations ; lui ſeul peut raſſu-
» rèr la maternité ſur des enfans de la
» nature, expoſés juſques dans les reſer-
» voirs de l'eſpèce à devenir victimes
» des plus affreux ſyſtêmes, & enfin ef-
» facer toutes les taches que le deſpotiſ-
» me a imprimé à ce qu'il y a de plus
» ſacré ! . . .

L'acte qui conſtitue le mariage, doit être libre, & il faut qu'il puiſſe être rompu toutes les fois que les conditions qui en ſont la baſe, ne ſont pas remplies.

La coërcition pour le mariage, doit être bannie avec ſoin, parce qu'elle exaſpère comme les privations & qu'elle mène à des extrêmes qui n'euſſent jamais été connus ſans le vice des inſtitutions.

Cet acte dont l'amitié doit former la baſe, dont la tendreſſe paternelle & maternelle contemplent avec joie les ſuites, dont la piété filiale eſt l'heureux réſultat, doit être rigoureuſement calqué ſur les règles de la bonne foi, que commande en tout d'une manière impérieuſe l'harmonie ſociale. Il faut bannir à cet égard comme à tous les autres les maximes des tyrans, qui paraiſ-

ſans vouloir mettre fin aux déſordres qu'enfante la dépravation des mœurs, n'emploient que des moyens capables de donner un réſultat tout à fait contraire à ce but. « Perfides auteurs des plus gran-
» des erreurs qui ont avili l'eſpèce, vous
» faites donc parade de vertus, pour pou-
» voir plus impunément réaliſer lecrime!..
» Répondez ?

Dans ma manière de voir, ſur l'éducation & l'inſtruction, j'ai indiqué comment le mariage pouvait & devait être conduit à ſon terme. Si les inſtituteurs & inſtitutrices ſont dans les principes, le vice, ce père du crime, ne trouvera point d'accès dans le corps ſocial. On ne verra plus ſe renouveller ces ſcènes ſcandaleuſes qui ont pour but, de trouver un père à des des enfans. On ne verra plus l'effronterie, l'impudeur, la mauvaiſe foi paraîitre avec audace devant les tribunaux pour victimer l'innocence par des déſaveux ou des accuſations réfléchies. L'enfance malheureuſe, la maternité déſolée ne ſeront plus offertes en holocauſte, ſur les autels élèvés aux préjugés. Des juges dont la férocité égale l'ignorance, ne ſouriront plus aux détails d'un acte auxquels ils ont eux-mêmes attaché la plus grande infamie. On m'arrêtera ici en me diſant que je ne m'occupe qu'à prévenir les maux à venir ; mais pense-t'on que l'homme vraiment ami des nations, ne soit pas touché des désordres présens, auxquels la société est en proie ? Il ne peut y être insensible, & s'il ne peut prévenir le mal, il trouve un résolutif contre lui dans cette déclaration, » que tous les enfans appartenans à la » société, elle prend à sa charge tous ceux » dont les pères ou mères ou tous les deux » seraient inconnus, se reservant de pu- » nir ceux de ces mêmes pères ou mères » qui en voilant leur union ou son résul- » tat, chercheraient à priver leurs enfans » de leur succession, ce qui doit être » regardé comme un attentat aux droits » de la société, à l'égalité, à la sûreté, » à la liberté, & à la propriété des enfans. Ici s'élève tout ce qu'il y a d'impur sur le globe. Les accens furieux du perfide despotisme viennent se mélanger à ceux du fanatisme ; ils invoquent toujours la pudeur qu'ils disent outragée, ils crient au libertinage, mot qu'ils emploient pour indiquer la débauche, comme si la liberté pouvait s'allier à quelque chose d'infâme ; l'intérêt social les détermine, disent-ils, à des réclamations ; mais n'ont-ils pas eux-mêmes contrarié ce même intérêt quand ils n'ont pas permis à l'hom-

me

me de développer ses sentimens naturels ? Veulent-ils l'intérêt social quand leur tyrannie force l'homme à pouvoir à peine pourvoir à ses besoins & à attacher plus de prix aux productions du plus vil animalqu'à celle de l'espèce humaine ? Peut-il être honteux de donner des enfans à la société ? En attachant de l'infamie à cet acte, n'est-ce pas voter le triomphe de tous les crimes ? La vertu, la pudeur, peuvent-elles n'être pas offensées d'un tel avilissement ? Peut-on sans être coupable déshonorer la maternité, quand des maisons de débauche ne s'occupent que des moyens d'étouffer les germes que la dépravation va y déposer ? Répondez, vils partisans des plus affreux systêmes, qui avez vous-mêmes conseillé des établissemens infâmes sous prétexte de garantir la vertu des atteintes du crime ? Mais votre silence annonce que vous n'êtes que des tyrans surchargés de tous les forfaits dont la terre a pu être témoin.

L'acte qui constate le mariage doit être public, il en doit être tenu registre par les fonctionnaires des deux sexes établis à cet effet, afin de prévenir le désordre qui est la suite inévitable de la bigamie.

Du Divorce.

Si le divorce qui eſt une rupture de l'alliance qu'un homme & une femme contractent, eſt regardé comme avantageux, c'eſt qu'il comporte avec lui cette ſageſſe qui ne veut pas lier éternellement un être aimant avec un être haineux, & renouveller en ce genre le ſupplice de préſence. Sous tout autre rapport il eſt odieux, & le meilleur uſage qu'on puiſſe faire de ſa raiſon, eſt de ne pas y avoir recours. Nul homme comme nulle femme à bon ſens, ne divorceront ſans des motifs bien puiſſans. Ils ſe ſeront mis en garde contre un mariage diſcordant par caractère & auront prévu que la méſintelligence eſt la ſuite néceſſaire d'une pareille alliance. Ils auront prévu que ceci ne frappe pas ſans danger l'imagination des enfans, & la réflexion les aura mis à même de contracter de ces unions dont la douceur fait tout le charme, & dont le bonheur eſt le réſultat infaillible.

Hommes qui vous éloignez de ces principes, & ne conſultez qu'un vil intérêt, pères, mères qui ne croyez vos enfans heureux, qu'autant que vous leur procurez les moyens d'opprimer leur femblables, & de ne rien faire ; envisagez les dissentions auxquelles vous vous exposez ainsi que vos familles. Voyez des enfans repousser au gré des sentimens qui animent leurs parens la main paternelle ou le sein maternel. Fremissez & écartez des inconvenances de caractères qui préparent votre malheur, en favorisant tous les vices. Et vous, jeunes personnes, que le sage considère avec intérêt, & qui désirerait mettre à l'abri des épreuves qui sont souvent dangereuses dans leurs conséquences, que l'amitié la plus tendre, cette amitié douce & paisible, forme l'union que vous devez contracter ; répoussez l'impudeur, l'immoralité & le mensonge ; que votre esprit s'élève au-dessus de tout ce qui tendrait à l'avilir, & qu'il reçoive sans altération, les impressions délicieuses qui font le charme des cœurs purs. Que la jeune fille avec les plus douces émotions de l'ame, passe dans les bras d'un époux digne d'elle, parée de toutes les graces de la sagesse, de la probité qui en est l'essence. Cet acte doit être reçu comme celui du mariage.

Des autres actes de l'Homme.

Les autres actes de l'homme, dont les uns ont un caractère définitif comme les partages, les acquisitions, les aliénations, &c. & les autres un caractère conditionnel comme les marchés, les fermages, les louages, les prêts, &c. doivent comme ceux dont je viens de parler, avoir pour base la réciprocité & tout ce qui peut nuire à un tiers, doit en être soigneusement écarté; il est essentiel d'observer que, ni les uns, ni les autres ne doivent être soumis à des formes qui puissent emporter le fonds; mais qu'ils doivent être soumis aux règles de la plus stricte vérité dans leur rédaction; ceux qui les reçoivent doivent être sous le coup d'une responsabilité inévitable, s'ils enfreignent quelques-unes des règles que la probité impose. Il faut prendre des mesures contre le monstre de la chicane qui tourmente les humains, & qu'on doit déloger de la socité une bonne fois pour toutes. Nul acte ne doit être valable, qu'autant qu'il est rédigé par ces mêmes fonctionnaires.

Est-il des actes qu'on puisse interdire à l'Homme.

Voilà une question sur laquelle on n'a pas jetté un coup d'œil assez sérieux, quelques hommes dont les maximes ressentent le despotisme, osent avancer qu'il en est qu'il faut interdire ; mais ces mêmes hommes ne veulent pas faire attention que la liberté réclame impérieusement ses droits tous entiers, & qu'on ne peut la satisfaire en non-valeurs. Ils veulent encore trahir ses intérêts ; mais qu'ils ne pensent pas ensevelir la vérité dans les ténèbres, & conserver l'empire de la domination qu'ils exercent, à la faveur des plus absurdes & des plus ridicules institutions.

Tous les actes doivent être permis à l'homme, & ne doivent point être restraints, puisque la liberté les limite elle-même, là où les principes de l'égalité, de la sûreté ou de la propriété, pourraient courir quelques risques.

Les actes de l'Homme peuvent-ils avoir un effet retroactif ? Doivent-ils avoir leur exécution après sa mort ?

Nul acte d'abord ne peut avoir d'effet retroactif ; ce serait supposer son existence avant cette même existence ; ce serait asservir le passé au présent, & ceci ne pourrait produire que des choses désavantageuses.

Quant à la valeur qu'on voudrait imprimer aux actes de l'homme après sa mort, ceci ne doit pouvoir être admis que pour les actes définitivement exécutés ; mais non pour les conditionnels ; autrement on asservit l'avenir au calculs de la cupidité. Tel fut toujours le but des tyrans que les hommes libres doivent entièrement anéantir. Et n'est-il pas de la plus grande absurdité, de vouloir qu'un individu commande aux humains du fond de son tombeau ? Y a-t-il autre chose que les préjugés qui puissent militer en faveur d'aussi bisarres institutions ? . . . L'affreuse tyrannie s'gitera sans doute pour conserver son empire sur les générations futures, qu'elle regarde avec imprudence comme sa propriété, elle invoquera l'usure, & toute la race des vampires altérée du sang des nations, s'agitera pour propager plus long-temps de funestes erreurs base de tous ses crimes ; mais des républicains pourraient-ils encore souffrir le spectacle de la paresse & de l'orgueil dormans sur des créances, & insultant à leur réveil la vigilance & l'infortune, par les plus abominables excès ? La loi qui prescrirait que les actes conditionnels de l'homme, ne sont valables que pendant son vivant, ne serait elle pas plus juste que l'institution qui en permet par la prescription, la nullité, après un silence déterminé ? Qu'on ne prétende pas qu'une pareille loi violerait les principes ; toutes les fois qu'une mesure est dangereuse, il faut la proscrire ; mais elle cesse d'être telle toutes les fois qu'elle est générale ; Parce qu'elle peut pour l'intérêt commun, atteindre chacune des parties qui composent le tout, & qu'alors, il ne peut y avoir de violation de principe. Sans doute il serait dangereux d'étendre l'application d'une pareille loi aux actes passés ; mais pour ceux à venir, elle serait du plus grand intérêt.

L'hypocrisie couverte de tous les manteaux, de celui sur tout d'une fausse pitié, invoque ici pour le malheureux, la faculté des emprunts qu'il n'aura pas, si ses actes ne sont pas valables après sa mort ; mais n'est-il pas plus conséquent, & pour la société & pour lui, de lui assurer des secours publics ? Elle se permettra encore peut-être des objections d'une autre espèce, & l'intérêt du commerce ne sera pas oublié ; mais le vrai intérêt du commerce se trouve-t-il dans les emprunts ou dans les actes non limités à la mort de l'homme ? Tout cela ne tend-il pas au contraire, à nourrir le monstre de l'agiotage qui tue le commerce, & qui doit périr au lieu de trouver plus long-temps les moyens de s'engraisser de la ruine des familles ?

Que la probité ne s'effraie pas de la mesure proposée ; elle n'a pour but que d'amener à une vie laborieuse & utile des hommes qui étrangers à la pratique de toutes les vertus , par la facilité qu'ils ont de satisfaire à tous leurs désirs, croient que la soiété est faite pour eux , & les servir , & qu'ils ne sont pas faits pour lui subordonner leurs facultés. Elle n'a pour but que dempêcher que les successions ne paraissent plutôt une peine qu'un avantage. Elle n'a pour but que de détruire l'influence d'êtres qui se parent des dehors d'une probité qu'ils n'ont pas. Les monstres ! Ils plaident ici la cause du malheur & parlent d'humanité. Mais les a-t-on vus faire une avance à un infortuné sans qu'au préalable ils n'ayent calculés de combien de ses sueurs le champ dont la culture leur importait , serait arrosé ? Ne les a-t-on pas vus sans cesse occupés à réduire en non-valeurs les secours qui lui étaient donnés par la société , & cela pour le tenir dans les fers ?

N'est-il pas des hommes qui doivent être privés de faire des actes ?

Sans doute il en est , comme les enfans avant qu'ils soient admis à l'exercice des droits sociaux. Les hommes privés de leurs facultés morales, y sont condamnés jusqu'à leur réhabilitation. Il se trouvera sans doute des hommes qui prétendront fixer un âge où on ait la faculté de faire des actes : je serais de cet avis, si l'expérience, la réflexion ne détruisoit pas tout l'échafaudage des idées conçues à cet égard. Mais je crois qu'il est essentiel d'abandonner le méthodique de l'âge. C'est l'instruction réunie à la probité qui doit déterminer le moment d'être admis à l'exercice des droits communs, là ni les prétentions de la jeunesse, ni celles de la virilité, ni celles de la vieillesse, ne doivent l'emporter.

Des Naissances.

Les naissances sont des fêtes chez les hommes libres, & des jours de deuil sous l'empire des tyrans. Dans le premier cas, c'est l'homme brisant tous les fers que lui imposait là le cahos, & venant donner à ses facultés un développement assuré. Dans le second, c'est l'homme appelé à voir augmenter le poids de ses chaînes, en raison du développement de ces mêmes facultés. J'ai déjà dit que là où on respire l'air pur de la liberté & de la justice, l'homme appartient à la société ; que c'est à elle à prendre tous les moyens d'assurer l'exercice de ses droits successifs tant au moral qu'au physique. Pour y parvenir, elle doit préliminairement faire constater leur naissance avec le plus grand soin , en y joignant le nom des parens, s'ils sont connus. Les fonctionnaires de chaque sexe, doivent recevoir ceux relatifs aussi à chaque sexe.

Des Successions.

Quand les pères & mères meurent, les successions sont un mode adopté par la sagesse pour maintenir la division des propriétés, entre les membres de la grande famille. Le despotisme a fait tous ses efforts pour qu'elles éprouvassent des concentrations dangereuses pour le corps social , mais la nature semble s'être surpassée , pour combattre les prétentions de celui-ci. Les successions sont appliquées aux vivans & non aux morts ; cependant il est des hommes qui veulent qu'elles soient asservies aux actes de celui qui a terminé sa carrière ! . . . Jusqu'à quand prétendront-ils donc que les volontés privées marchent avant la volonté générale ? N'est-ce pas elle qui dispose & doit disposer par un mode continu qu'on appele ſucceſſions, des biens qui lui appartiennent ? N'eſt-ce pas déclarer la ſociété en démence, que de vouloir qu'un moribond aſſerviſſe des propriétés qui lui appartiennent aux accès de l'agonie ? On prétend faire triompher des préjugés trop invétérés, mais on n'y parviendra pas. Leur règne va paſſer.

Les enfans d'un même père & d'une même mère, doivent tous être également appelés à leur ſuccéder, & il ne doit point y avoir d'autre manière d'avoir dans la ſociété, que par ſucceſſion ou par acquiſition. On doit bannir tous les autres modes d'avoir, parce qu'ils ne ſont que des uſurpations favorables au plan liberticides de l'affreux arbitraire.

Les femmes doivent par les fonctionnaires choiſis parmi elles réclamer les ſucceſſions des filles, & les fonctionnaires-hommes doivent réclamer celle des enfans mâles.

Des Tutelles & du bien des Enfans.

Si la ſociété doit prendre toutes les meſures néceſſaires pour aſſurer aux enfans l'exercice des droits communs, nulle autre qu'elle, ne peut ſans danger en avoir la tutelle. quand ils ſont privés de leurs père & mère. Si elle confie ces ſoins à d'autres, il peut en réſulter des maux incalculables pour elle. Je voterai donc pour qu'elle s'en charge & pour qu'elle veille à l'adminiſtration de leurs biens, pendant qu'elle prend ſoin de les faire élever & inſtruire. Le produit de ces mêmes biens doit leur être ſoigneuſement remis ſur le vu de leur acte de naiſſance, & de celui d'admiſſion à l'exercice des droits ſociaux. Il faut qu'à cette époque les gouvernans ne puiſſent en retarder la remiſe ſans encourir des peines inévitables. Mais où ſera la garantie des enfans contre ceux qui voudront éloigner leur admiſſion à l'exercice des droits de la grande famille ? Elle doit ſe trouver dans un examen public, préliminaire à cette inſtruction, dont les baſes doivent être déterminées d'une manière ſi poſitive qu'on ne puiſſe en éluder les réſultats. Cet examen doit être arraché à tous les calculs de l'arbitraire, & les réponſes préciſes de celui qui le ſubit, doit être un titre qu'on ne puiſſe conteſter impunément.

Des Vieillards, des hommes privés de leurs facultés moralles. De leurs Biens.

La vieilleſſe & la privation des facultés

intellectuelles, font une feconde enfance dont la tutelle doit être également dévolue à la fociété. N'eft-il pas ridicule de placer le foin d'un vieillard, entre les mains d'hommes intéreffés & pouffés par les préjugés à travailler à fa mort ? Peut-on voir fans pitié l'un ou l'autre mourant fouvent auffi au fein d'une famille infortunée, qui croit qu'il n'eft pas de fon honneur de l'abandonner au foin des hofpices publics ? N'a-t-on pas pour faire perdre le fruit des plus heureufes inftitutions, (les hofpices publics), accrédité cette idée, qu'il n'y avait que des hommes couverts d'opprobre & d'ignominie qui y cherchaient un afile, comme fi l'honorable indigence n'avait pas été fouvent obligée d'y avoir recours; comme s'ils n'avaient pas été honorés par la préfence de tant d'illuftres défenfeurs des droits de l'humanité ? La tyrannie n'a rien épargné pour faire perdre le fruit de tout ce qui avait un but utile.

Mais comment devraient être alors adminiftrés les biens de ces mêmes hommes ? Je ne penfe pas qu'ils doivent l'être différemment que celui des enfans à cette différence près, que le produit en tournerait de fuite au profit de la fociété s'ils mourraient fans enfans.

Des condamnés & de leurs Biens.

Les condamnés dans une aſſociation libre ſont auſſi dans une eſpêce de tutelle ; là ils ne doivent jamais n'on plus être employés aux grands travaux de la ſociété : c'eſt les dèshonorer que de les confier à des mains criminelles. Des priſons ſûres, airrées & bien ſalubres, de nombreux ateliers , un régime uniforme de vie & de vêtemens, avec une inſcription ſur leurs vêtemens indicatives de leurs crimes, voilà de qu'elle manière je penſe qu'on doit les tenir au moral & au phiſique dans l'état de privation de la liberté, que leur ont mérité l'oubli de leurs devoirs. Comme parmi les enfans, ils doivent avoir parmi eux une organiſation ; & leurs peines doivent être publiquement augmentées ou diminuées progreſſivement à des époques fixes ſuivant leurs vices ou les vertus qu'ils pratiquent. La conduite qu'on doit tenir à leur égard rendant la pratique des bonnes actions indiſpeſable au recouvrement de leur liberté, ils contracteraient l'habitude de les aimer & rendus à la ſociété, ils pourraient en faire l'ornement après en avoir fait la honte. Leurs biens devraient être adminiſtrés comme ceux des enfans & leur être rendus avec les produits lors de leur réhabilitation. Ils devrait y avoir des ateliers dans les priſons.

De la Réhabilitation.

On met peu d'intérêt à cet acte & cela parce qu'on eſt très peu conſéquent. Si des juges ſe raſſemblent publiquement pour appliquer des peines à un homme, pour quoi ne ſe raſſembleraient ils pas de même pour le réintégrer dans l'exercice des droits communs? Pourquoi après avoir lû le jugement qui le condamnait, ne ferait - on pas l'hiſtorique des vertus dont la pratique baſerait ſa réhabilitation? Cela n'aurait il pas un réſultat avantageux? J'abandonne ceci à la réflexion.

Des Décès.

La carrière de l'homme ſe termine, il meurt & cet évènement ſous le rapport moral & ſous le rapport phiſique eſt d'une très-grande importance. L'intérêt des ſucceſſeurs doit être aſſuré par un acte authentique, qui conſtate le moment du décès. Mais n'eſt - il pas un moyen d'utiliſer la mort même ? N'eſt-ce pas le moment d'élever des monumens qui puiſſent atteſter & la pratique des vertus des uns & le crime des autres ? Pourquoi des épitaphes ſimples ne remplaceraient-elles pas ces différences qui exiſtent jüſque dans l'horreur des tombeaux & qui n'atteſtent que l'orgueil & la ſervitude ? Pourquoi dans des cimetières ſéparés où ſeraient d'un côté enterrés les hommes vicieux & de l'autre les hommes probes & les femmes dignes d'elles & de la ſociété, n'irait-on pas puiſer l'horreur du crime & l'amour des vertus ? Si la tyrannie n'a parlé des morts que pour épouvanter les vivans & les aſſervir, n'eſt-il pas temps que la liberté en parle pour éclairer les humains, & pour leur donner la force de briſer les chaînes du deſpotiſme ?...

Je paſſe, en attendant qu'on me réponde, aux moyens d'établir une fortune publique.

Des moyens d'établir une fortune publique, à l'abri de tous les calculs de la tyrannie.

Avant d'établir les baſes, j'établis d'abord pour principes, que l'opinion qui conclut à la liberté en aſſerviſſant les propriétés priété à une redevance annuelle, n'eſt pas véritablement l'opinion, que ce n'eſt qu'une idée ſiſtématique d'une biſarrerie & d'un ridicule tout-à-fait complet. Et en effet, lorſque les propiétés ſont aſſervies, n'eſt-il pas évident que l'homme qui en jouit partage bientôt ce même aſſerviſſement ? Ici s'élèvent les plus grandes objections, mais j'arrête ceux qui les font au nom de la liberté, & les invite à méditer ſur les principes, s'ils en ſont amis.

La propriété eſt un droit général & inconteſtable de la ſociété, & ſi elle a individualiſé ce droit, c'eſt pour ſon propre avantage concilié avec celui de ſes membres.

Sans l'exercice individualiſé de la propriété, il n'exiſterait point de bonheur. La ſociété reſſemblerait à Saturne qui dévore ſes propres enfans : comme ſans la connaiſſance des droits de la ſociété, il n'y aurait ni ptotection ni ſûreté, mais ſeulement des enfans dénaturés qui, après avoir déchiré le ſein de leur mère, finiraient par s'entredéchirer eux-mêmes. Il ne peut, ni ne doit exiſter d'autre droit de propriété, que celui qui a pour baſe l'avantage de la grande famille, d'où dérive par une conſéquence néceſſaire, celui de ſes membres.

Les lois ne peuvent donner d'autre extension à l'exercice du droit de propriété, sans altérer leur propre caractère. S'il eut été possible que la société eut pu trouver un mode invariable d'existence sans diviser l'exercice des propriétés, il n'eut pas été nécessaire d'établir cette division; mais il eut été de ceci comme des pouvoirs publics qui sont une propriété d'un autre genre; si tout le monde était appelé à la fois à les exercer partiellement; il n'existerait que confusion, que désorganisation; il n'existerait point de bonheur social particulier, puisqu'il n'existerait point de prospérité publique.

Il est nécessaire de remarquer que, si la société n'exerce pas par elle-même tous ses droits, c'est qu'elle ne peut rester toujours rassemblée.

Ce qui doit étonner, c'est que jamais on ne se soit sérieusement occupé de baser la fortune publique sur des fondemens solides, & que tous les calculs se soient tournés vers un misérable prétendu intérêt privé, comme si l'intérêt privé pouvait se soutenir sans la première, mais les conceptions du despotisme toujours guindées, mesquines & bisarres comme lui, ne se sont pas étendues plus loin.

Pour fonder & entretenir la fortune

particulière , le génie de la législation enfanta les successions ; pour fonder & entretenir la fortune publique , pourquoi n'aurait-on pas de même recours aux successions ? Sans doute il y aurait du danger à toucher aux directes , sans des motifs de la dernière nécessité ; mais quel inconvénient y aurait-il à tourner vers cette fin les successions collatérales ? Pourrait-on en retirer d'autre chose que des avantages ? Ici s'élèvent la cupidité , la malveillance , l'oisive prodigalité & l'ignorance ; toutes m'accusent de vouloir renverser le système de propriétés , toutes me condamnent suivant leurs vues privées ; mais est-il des droits plus sacrés que ceux de la raison , de la justice & de l'intérêt commun ? Peut-on appeler ainsi l'avidité d'un successeur qui hâte par ses vœux , la mort de celui dont il se prétend héritier ? On s'efforce ici d'assimiler les successions directtes aux collaterales , & l'esprit de ceux qui prétendent aux unes & aux autres ? Mais pour la conservation des collatérales , pourrait-on opposer la nécessité de diviser la propriété publique , sous le même rapport que pour le directes ? Pourrait-on opposer en faveur des premières , les liens qui unissent le père au fils & le fils au père ? L'expérience de tous les temps ne démontre-t'elle pas qu'on n'a recueilli que des vengeances, des haines du ſyſtême de ſucceſſions collatérales ? Que toutes les paſſions ſe taiſent en méditant ſur cet objet. L'homme qui veut la liberté réfléchit, & ne condamne les opinions, que lorſquelles ne ſont pas fondées ſur les principes généraux qui mènent au bonheur. Les cris de la fureur ne l'intimident point & ne lui font point détourner des vérités utiles.

Il eſt bien évident que, ſi on appliquait les ſucceſſions collatérales à l'aſſociation, les collatéraux déraiſonnables prendraient de l'humeur ; ils ſe porteraient peut-être même à des extrêmes. Mais qu'eſt-ce que cela prouverait à celui qui aurait de pareils ſucceſſeurs, ſi ce n'eſt le motif qui les anime ? Et d'ailleurs qu'auraient à réclamer ces êtres immoraux, qui n'élevèrent jamais la voix, pour aſſurer à l'enfant de la nature l'exercice des droits communs, & qui bien loin de cela, ne firent qu'ajouter à ſon infortune, en verſant ſur lui les poiſons de l'ignominie ? Penſent-ils nous aveugler ſur leurs intentions ? Qu'ils ne s'efforcent pas de combattre la meſure propoſée : la liberté la commande impérieuſement. Qu'ils ne ſe couvrent pas du manteau de l'humanité ; qu'ils n'empruntent pas le langage du malheur. L'infortune se trouvera toujours mieux des secours publics que cette mesure assurerait, que de l'éventuel des successions collatérales que le monstre de l'intrigue devore avant qu'elle puisse en retirer la plus légère portion.

Si d'abord, au lieu d'indiquer un moyen de fonder une fortune publique, j'eusse dit : il en existe un qui éteindra toutes les haines, qui suffira à toutes les dépenses, qui affranchira les fonds de toutes contributions, qui assurera les secours dus au malheur, qui subviendra aux frais d'éducation & d'instruction de tous les enfans ; ceux qui ne m'auraient pas pris pour un charlatan, m'auraient entouré & pressé de leur faire connaître mon plan, & à quoi aurai-je dû m'attendre en le leur découvrant ? A me voir isolé ? C'est peut-être le sort qu'auront mes idées, mais alors qu'on ne se targue plus d'humanité] de désintéressement ; & qu'on apprenne que l'homme libre ne transige pas plus avec les principes, que l'impassible vérité. Quelqu'accueil qu'on fasse à mon projet, je dois faire sentir qu'outre les avantages dont je viens de parler, il en produirait bien d'autres.

D'abord les successions collatérales formeraient un hypothèque certaine au papier monnaie, qu'il eſt néceſſaire de ſubſtituer aux valeurs métalliques, pour échapper aux calculs des tyrans ; leur aliénation combinée aſſurerait un rapprochement de fortune, qui ſerait le plus ſûr garant de la liberté publique, la population ne pourrait enſuite qu'y gagner.

Et à quel titre rejetterait-on le plan que je propoſe ? Eſt-il quelqu'un qui, rédevable d'une rente, ne cherche pas à s'en affranchir ? Et que ſont les contributions ſinon une rente perpétuelle, dont on n'a le plus grand intérêt de s'affranchir ? Je ſens qu'ici les préjugés fortifiés par l'habitude, m'oppoſeront d'un côté l'inſuffiſance pour parer à toutes les dépenſes publiques, & de l'autre la crainte de voir abſorber tous les fonds par la ſociété ; mais je demanderai aux premiers, ſi pour rendre l'exercice des propriétés qu'ils tiennent de la ſociété, libre comme eux, ils ne feraient pas volontiers le ſacrifice même de leurs ſucceſſions à échoir ; & aux autres, ſi on ne préviendrait pas tout ce dont ils s'effraient en payant les ſecours publics partie en nature ?... En attendant qu'ils me répondent, j'établis pour principe que, ſans fortune publique toutes les idées de proſpérités repoſent ſur un vuide abſolu ; que cette même fortune eſt le rouage eſſentiel des inſtitutions, & je paſſe aux valeurs monétaires.

Des valeurs Monétaires.

Si la fortune publique eſt le rouage eſſentiel des inſtitutions, comme tout doit le faire croire, il eſt inconcevable qu'on en ait fait par tout un ſyſtême idéal, & qu'on en ait aſſervi la réalité aux calculs de la tyrannie par une réduction en valeurs métalliques teintes du ſang des peuples. On voit bien que ceci ne peut être que l'ouvrage du deſpotiſme.

Les valeurs monétaires ſont ſi on peut s'exprimer ainſi, le levier de la circulation. La nation qui ſait ſe créer une monnaie en lui donnant une valeur réelle, a réſolu le problême de ſa liberté. Elle aſſure le développement de ſon ſentiment d'indépendance, qu'elle ne doit diriger que contre les tyrans, & elle atteint le but d'une proſpérité durable & non factice.

Le peuple français, dont on admire le courage, & dont la poſtérité pourra ſeule apprécier la vertu, paraît avoir adopté le plan monétaire le plus compatible avec ſes véritables intérêts, les véritables intérêts nationaux, & le plus attaqué par la ligue impie, qui prétend lui donner des fers: par ſon aſſignat, il vivifiait toutes les branches du gouvernement, ſans avoir recours aux prétendues puiſſances qui l'avoiſinent, & qui jalouſes de le dominer ne voient qu'avec allarme, que leur or ne ſéduiſoit que les miſérables qui avaient la baſſeſſe de proſtituer leur facultés à la défenſe du crime. Celles ſur tout qui tyranniſent les contrées d'où on tire ce même or, éprouvaient la plus vive inquiétude, en voyant crouler l'empire des préjugés qui militaient en faveur de ce métal, devenu l'agent le plus actif de tous les crimes nationicides, quand une faction affreuſe dévouée aux brigands couronnés, a employé tous les moyens de l'aſſurer par le diſcrédit combiné du papier-monnaie.

Il eſt vrai que ſi cette monnaie a éprouvé des hauſſes & des baiſſes, c'eſt que ſon hypothéque n'avait que des baſes verſatiles que doit écarter avec ſoin le peuple qui veut la liberté; autrement il ſe verra en butte aux coups que voudraient lui porter ceux qu'il appele à gouverner; autrement il verra ces mêmes individus attaquer juſqu'à la vie des citoyens, pour réaliſer le plan de cupidité qu'ils pourraient concevoir, & élever des conteſtations interminables sur les valeurs hypothétiques, suivant leurs intérêts : il verra le crime lui-même, réclamer en faveur de ses propres victimes, & il perdra tous les fruits de la production du génie la mieux conçue, le papier-monnaie seul, dont j'ai donné les moyens de fonder l'hypothèque.

L'ignorance s'élève par tout contre le plan du papier-monnaie ; hé bien, il faut l'éclairer, frapper avec les traits de l'indestructible vérité tous les amis de l'or, qui ne sont que des ennemis de l'humanité ; que ce métal rentre dans le néant, avec tous les forfaits qu'il a fait commettre ; que les bras trop long-temps employés à satisfaire la cupidité des tyrans, soient rendus à l'agriculture & aux arts ; que des générations entières ne soient plus condamnées à habiter les entrailles de la terre pour en extraire l'instrument de la servitude générale : le salut des nations l'exige impérieusement.

Des Emigrations. Le bien des émigrés doivent-ils tourner au profit des associations dont ils ont cessé de faire partie, ou leurs enfans doivent-ils être appelés à leurs succéder ? Leurs fonds peuvent-ils ser-

vir d'hypothèque aux papiers publics monnoyés.

Peut-on empêcher un individu qui se déplait dans une association de la quitter? Non. Je prononce affirmativement sur une pareille question, parce que nul ne doit être obligé de se soumettre à la loi d'un pays, quand il consent à quitter ce même pays. S'il prétend rester & ne pas obéir, alors il est criminel, c'est un révolté qu'il faut punir. Mais en quittant l'association, doit-il pouvoir emporter des fonds en valeur exportables, dont il jouissoit? Je prononce que non. En quittant l'association, il a renoncé à tous les avantages dont il profitoit, là, il refuse de satisfaire aux devoirs qui lui étaient imposés, dès ce moment même il a rénoncé aux droits communs, aux autres membres de la société. Quiconque déclare vouloir ne faire plus partie d'un peuple, doit être autorisé à le quitter; mais dès ce moment même, ce peuple ne lui doit ni protection, ni sûreté, ni enfin aucun espèce de secours.

Les biens d'un émigré doivent-ils tourner au profit de ses enfans? Si ces mêmes enfans n'émigrent pas avec lui, je pense qu'oui; mais dans les dangers de la patrie, je pense que ces biens doivent être administrés comme ceux des enfans mineurs, tant que durent ces mêmes dangers, & remis à ces enfans quand ils sont passés. Les biens des émigrés qui n'ont pas d'enfans, doivent être hypothéqués comme les successions collatérales, au remboursement du papier-monnaie.

L'intérêt des peuples est, de ne jamais gêner les hommes qui veulent ne plus faire partie d'eux-mêmes, mais quand un individu s'est une fois séparé d'eux, leur intérêt est aussi de ne les plus recevoir; s'ils mollissent à cet égard, ils deviennent tôt ou tard victimes de la férocité de ceux-là même à qui ils donnent asyle après avoir été méconnus par eux.

De l'Aliénation des fonds publics, des Proportions qui doivent servir de base à l'émission des valeurs monétaires.

De la sagesse des mesures prises sur ces deux objets, dépend la prospérité publique, on ne peut sans danger suivre les systêmes de certains hommes à cet égard. On sent les inconvéniens qu'il y a à n'aliéner qu'un gros & à pousser les aliénations au-delà des besoins publics, sans conſulter ſi la valeur de fonds excède ces mêmes beſoins, & ſans avoir prévu l'emploi de l'excédant. On voit combien il eſt dangereux d'accorder des délais pour payer ; délais qui ſtimulent celui qui a acquis à faire monter exceſſivement le prix des denrées, pour réaliſer outre les paiemens annuels, des revenus triples & quelquesfois quadruples. On voit que ceci ne peut peſer que ſur ceux que le malheur pourſuit déjà, & dont l'exiſtence ne peut alors être aſſurée, que par le balancement des ſecours publics avec le prix des denrées devenu incertain, ou par un ſurhauſſement dans le prix d'un labeur que les infirmités rendent ſouvent impoſſible à l'indigence ; & pour prévenir tous le calculs de la fraude; on doit n'aliéner qu'en détail, & exiger les paiemens de ſuite.

Quant à l'émiſſion des valeurs monétaires, elle ne peut ſans inconvénient être inférieure ou ſuppérieure aux maſſes à remuer pour que le but que preſcrit le beſoin public ſoit rempli exactement. Si on écarte un moment ces principes, on livre les fonds publics ou les valeurs monétaires aux calculs de l'agiotage. Quant à la progreſſion des valeurs, elles doivent avoir pour *maximum* le *medium* des fortunes, & pour la facilité des échanges, elles doivent être réduites au *minimum* des fractions usitées. Autrement la domination, l'orgueil des richesses, conserve toujours son empire. Je laisse aux connaisseurs à appliquer ces principes généraux.

Des Dépenses & Caisses publiques.

Dans un pays libre, où là seulement il y a gouvernement, les depenses publiques sont fixées d'après les besoins bien connus à l'avance, par les rapports particuliers & hièrarchiquement fournis à des époques fixées par toutes les administrations. Les accidens qui forment un objet de dépense particulière, n'y sont point oubliés. Toutes réunies, elles ne doivent jamais excéder les recettes, ni être moindres, autrement le tout ou quelques parties souffrent. Il y a de l'avarice à faire des réserves, comme il y a de la prodigalité à consommer plus qu'on ne doit recevoir.

Auprès de chaque administration & pour chaque objet de dépense, il doit y avoir des fonctionnaires payeurs, des caisses de recette & de dépense pour chaque objet. Des registres pour chacune d'elles doivent être soigneusement tenus. Rien de plus absurde que de verser des fonds destinés à telle ou telle dépense dans une caiſſe, où ſe trouvent des fonds deſtinés à un autre emploi : ceci entraîne une confuſion d'où naiſſent les plus grands inconvéniens, & qui conſerve quelquefois les plus énormes dilapidations.

Les fonds ne doivent ſortir des caiſſes qu'en vertu des lois & aux termes indiqués par elles ; il ne doit pas non plus y en entrer qu'en vertu des lois qui doivent avoir fixé le temps des recettes & celui de l'emploi des fonds.

De la Comptabilité.

Tous les fonctionnaires publics doivent être comptables aux peuples qui les ont chargés de l'exercice de leur pouvoir : ils doivent à cet effet remettre aux tribunaux de ſurveillance, un réſultat de tous les actes relatifs à leurs fonctions ; & les membres compoſans les tribunaux de ſurveillance, doivent les réunir & en faire part au peuple, chacun ponr ce qui les concerne. Ils ne doivent jamais dire que l'exacte vérité, ſans chercher à faire naître d'autres ſentimens que ceux qu'inſpirent les faits. Le peuple prononce enſuite après s'être préliminairement aſſuré de l'opinion de ces mêmes ſurveillans.

Du traitement des Fonctionnaires publics.

Rien de plus absurde que cette diversité de traitemens donnés à des hommes qui, chacun dans leur genre, ne fournissent en résultat que la même masse de travail. Un homme doit-il moins manger & se vêtir qu'un autre homme. Les mêmes moyens ne doivent-ils donc pas être mis entre les mains & de l'un & de l'autre ? Est-il nécessaire de fournir à certains individus les moyens d'étaler un luxe insolent, tandis que celui qui fournit aux besoins physiques vit à peine, & que celui qui ponrvoit aux besoins moraux, se trouve le plus souvent dans un état de dénuement absolu ? Si on m'objecte qu'il est des fonctions plus difficiles à remplir que d'autres, je dirai aussi, que celles-là sont aussi exercées par des hommes plus instruis, & qu'il y a compensation.

Tous les fonctionnaires publics, & de ce nombre sont les militaires gradés, doivent avoir dequoi suffire à leurs besoins, mais rien au-delà. Il serait ridicule d'établir un luxe pour des gouvernans, quand on ne se propose en établissant des gouvernemens, que d'effacer toutes les traces qu'imprime l'infortune sur le corps ſocial. Ceci ne plaira pas aux brigands couronnés. Ceci ne ſe conciliera pas non plus avec les idées de certains fanfarons, qui mettent leur volonté à la place de la volonté nationale ; mais l'intention des hommes libres n'eſt pas auſſi de les ſatisfaire.

Renouvellement des Fonctionnaires publics.

Il eſt d'autant plus eſſentiel de renouveller les fonctionnaires publics à des époques fixes & rapprochées, ou tout au moins de recommancer les élections, que l'exercice des pouvoirs publics eſt un fardeau pour celui qui remplit ſes devoirs avec intégrité, & un moyen de ſatisfaire ſon ambition pour celui qui prétend à s'en écarter. Il eſt peu de peuples qui n'ayent pas apperçu ce que j'avance ici. Je prévois l'objection qu'on pourra me faire à cet ſujet. On verra dans un exercice continu de pouvoirs par les mêmes hommes, le moyen de prévenir tous les maux qui ſont la ſuite de l'ignorance, & on portera les craintes juſqu'à croire que les principes peuvent être altérés par les changemens ; mais où il y a des lois, ceci peut-il être fondé ?... Non. Quand un ordre de choſes eſt poſitivement établi,

établi, les hommes chargés d'une fonction doivent ſe conformer aux lois, agir par elles & pour elles, & il ne faut pas pour cela une ſi grande expérience. Ils ont un guide certain qu'ils n'ont qu'à ſuivre.

Cela ne ſatisfait pas les ambitieux qui ne courbent pas volontiers la tête devant la volonté générale, & voudraient trouver en ſe perpétuant dans l'exercice des pouvoirs publics, le moyen de pouvoir l'écarter pour y ſubſtituer la leur propre ; on ne doit pas auſſi avoir ceci pour objet.

Il me paraît néceſſaire que les fonctionnaires qu'on veut remplacer, ſoient admis au nombre des candidats, parmi leſquels doivent être choiſis les nouveaux fonctionnaires. L'eſpoir de fixer l'opinion publique au temps des élections & de l'emporter ſur les candidats ſurveillans, ſera un ſtimulant qui ne pourra qu'être avantageux pour le peuple. Les candidats ſurveillans, de leur côté, ne peuvent manquer de ſatisfaire à leurs devoirs pour l'emporter dans l'opinion ſur les fonctionnaires ; & l'émulation ſi vantée ſera ainſi miſe à l'ordre du jour, ſous le rapport utile au corps ſocial & jamais nuiſible.

Après avoir parlé de ce qui convient

pour baſer les inſtitutions, qui ſont propres pour l'intérieur des aſſociations, je dois auſſi parler de ce qui eſt néceſſaire pour établir les rapports d'aſſociation à aſſociation, & c'eſt dequoi il va être queſtion.

Des Relations extérieures.

Les rélations extérieures ont pour but la liberté, l'égalité ; la ſûreté & la garantie de la propriété des nations. Ici les idées qui ne s'appliquaient qu'aux individus, doivent embraſſer les maſſes ; quelques conſidérables qu'elles ſoient.

Trop long-temps les relations extérieures n'ont ſervi qu'à la garantie des oppreſſeurs ; il eſt temps qu'elles deviennent réellement ce qu'elles doivent être, & qu'elles ſervent à celles des nations. Elles ſont le type de la paix & de la proſpérité des peuples, toutes les fois que la loyauté, la franchiſe & la probité caractériſent les actes qui en ſont l'objet; exercées par les tyrans & leurs vils agens, elles deviennent l'inſtrument d'une politique qui a toujours pour but la férocité, l'eſclavage & le deſpotiſme.

Un peuple libre n'a jamais de relation avec ſes ennemis tant qu'ils occupent ſon territoire. Il prévoit le danger d'entretenir auprès de lui les premièrs espions de la tyrannie, qu'on appele ambassadeurs. Il reçoit les réclamations qui lui sont faites, il les pèse d'après l'intérêt des peuples, & si des violations contre les principes qui basent ce même intérêt en sont l'objet, il fait justice des violateurs avec une attention digne de lui, & renvoit ensuite les prétendus ambassadeurs remper devant ceux qu'ils ont la bassesse d'appeler leurs maîtres. Les envoyés des peuples libres, sont seuls admis à résider auprès de son gouvernement. Il écarte par-là, l'art corrupteur des oppresseurs, & de dangereux congrés.

C'est envain que les plats valets envoyés en ambassade par les oppresseurs, se couvrent du manteau de l'intérêt des peuples, c'est envain que quelquefois même ils font parade de vertu pour en imposer sur leurs véritables intentions ; ils ne savent servir que l'intérêt du crime. Ils sont les premiers ennemis des nations dont ils se disent les procurateurs.

« O que les peuples ne sont-ils té-
» moins un instant des délibérations se-
» crettes des tyrans & de leurs premiers
» esclaves ! Que ne peuvent-ils entrer
» dans ces cabinets où ne sont accueillies

» que les passions destructives de l'espèce
» & dévoratrices des productions du sol
» qu'elle habite ; ils verraient là forger
» les fers de la servitude générale, ils
» y verraient tous les crimes dégoutans
» du sang des générations, occupés à
» disséquer avec le scapel de l'imposture
» & de la perfidie, toutes les vertus qui
» élèvent l'homme vers le sentiment de
» sa dignité. Ils frémiraient d'horreur ;
» & l'indignation s'emparant de leur
» ame, ils renverseraient tous les trônes
» qui pèsent sur le globe & qui sont
» déjà minés par les flots de sang inno-
» cent qui rougissent leurs bases. » L'intérêt d'une nation est de ne jamais envoyer à poste fixe, ou pour mieux dire à résidence, d'agens auprès des oppresseurs. Leurs envoyés ne doivent jamais être exercés à apprendre le cérémonial des cours ; ils doivent par tout porter le caractère inflexible d'hommes qui réclament ou rendent la justice. La grande alliance des nations se réalisera sans doute bientôt, & alors, des envoyés de tous les peuples de l'univers réunis en assemblée, stipuleront leurs intérêt généraux, & feront disparaître & la guerre & les congrés diplomatiques, qui n'eurent jamais pour but, que l'asservissement du monde.

Les relations extérieures cessent du moment où la guerre commence.

De la Guerre.

L'homme vraiment digne de ce nom, frémit, lorsqu'il voit des générations entières mutilées pour satisfaire l'orgueil des tyrans ; il s'indigne contre ceux qui ont établi en maxime que la guerre était une chose naturelle & même nécessaire. Les tygres !... Mais leur affreux systêmes n'en imposent plus. « Brigands couronnés, » non moins vils mandataires infidèles ; armer les peuples contre les peuples par la terreur ou la séduction, quand ils veulent recouvrer leurs droits imprescriptibles ; les énerver par des combats & les ruiner pour les asservir ; fonder, de concert entre vous, votre tyrannie sur des monceaux de cadavres & sur la misère générale, telle est votre affreuse tactique. Garantis par les masses nationales que vous poussez en avant ; vous insultés du fond de vos palais à l'homme vertueux & libre, tandis que vos suppôts séduisant le peuple, en arment une partie contre l'autre par les mêmes moyens que vous, & se donnent l'atroce plaisir de le voir se déchirer de ses propres mains ; mais oppresseurs , tremblez ! . . . Les hommes libres ont buriné sur les colonnes de l'immortalité , l'arrêt de mort de tous les tyrans : ceux-ci périront avec tous les systêmes oppressifs. Les plumes d'acier des amis de la liberté & de l'égalité , ont tracé hardiment les droits éternels des peuples , à côté des crimes de leurs dominateurs. Déjà , toutes les productions qui découlent comme des poisons subtils , des plumes d'or prostituées au triomphe du despotisme & de l'arbitraire , sont frappées ne nullité & couvertes de l'opprobre qu'elles méritent. L'univers attend , avec impatience , le moment où toutes les viles passions , semblables aux reptiles les plus dangereux , trouveront la mort dans leur acharnement à mordre la lime de la vérité , qui acère les traits du républicanisme , & où la guerre ne trouvera plus d'aliment.

De la Paix.

Si la guerre est horrible , la paix cette amie de l'homme , verse dans l'ame des douceurs , que l'insensibilité des oppresseurs cherchera toujours à altérer. Ceux qui ont donné ce nom à la suspension des travaux , faussement appelés guerriers chez ces derniers, ne ſavoient pas que la paix réelle eſt éternelle, comme la vérité ſur laquelle elle s'appuie ; qu'on ne la confonde pas avec le repos des tombeaux où la tyrannie enſevelit les nations, quand elle ne les livre pas à l'horreur des combats. Qu'on ne ſoit plus dupe des tortuoſités diplomatiques. C'eſt par elle qu'on conduit les peuples à la roche tarpeienne pour les en précipiter, c'eſt par elle, que les aſſimilant à Promethée, des vautours à figure humaine, déchirent ſans ceſſe leurs entrailles renaiſſantes, & éterniſent leur ſupplice

Une vérité qu'on ne peut conteſter, c'eſt qu'il n'y a point d'état de paix avec les tyrans. Pourrait-on appeler ainſi la défiance, les prétentions continues de l'orgueil & de l'ambition, qu'on eſt ſans ceſſe obligé de comprimer par la force ? La paix avec les oppreſſeurs, a-t-elle été autre choſe juſqu'à-préſent, qu'un repos momentané, toujours précurſeur de nouvelles combinaiſons & de nouveaux orages politiques, enfans de l'aſtuce & de la férocité, & les êtres qui ne veulent que de cette eſpèce de paix, oſent ſe parer du titre honorable de défenſeurs de l'humanité ? ... Les monſtres ! Qu'ils rentrent dans le néant, que tous les fléaux dont la terre eſt frappée par leur atroce génie, les accompagnent par tout & leur faſſent reſſentir tous les maux dont ils voudraient accabler la famille humaine, l'univers ne peut reſpirer l'air pur de la fraternité, que lorſqu'ils n'exiſteront plus. Que tous les vils politicomanes nourris de perfidie, enflés d'orgueil & d'inſolence, n'eſpèrent pas dégrader l'idée que nous devons avoir de la paix, juſqu'au point de faire croire qu'elle puiſſe ſortir de la tête des tyrans. Les hommes ne ſavent pas avilir ce qui peut contribuer au bonheur des nations, & ils ſavent également apprécier, & les avantages d'une paix réelle, & la liberté.

Du Commerce.

Le commerce eſt un de ces heureux fruits du génie qui a pour but, la diſtribution des productions de la terre & des arts.

La tyrannie l'a dégradé en le forçant de ſuivre ſes déteſtables maximes. En lui ôtant la liberté, elle l'a proſtitué aux paſſions les plus viles, à la cupidité qui en eſt la ſource fatale.

Où il y a des gouvernemens, le prix

de toutes choſes utiles eſt bien connu de ceux qui en dirigent les opérations ; & le commerce ſait par lui d'une manière poſitive, quels ſont les localités qu'il faut approviſionner. Il s'y porte ſûrement, parce que l'indication eſt poſitive ; il vivifie la ſociété dans toutes ſes parties, & ne ſe livre plus à des ſpéculations qui tariſſent d'un côté les ſources de la proſpérité publique en en obſtruant les canaux, & de l'autre en les deſſéchant. Sa moralité n'eſt plus abſorbée par d'infâmes combinaiſons ; jamais trompés, il ſe contente d'un produit fixe ; il abandonne les projets de réaliſer une fortune ſubite, & par conſéquent ne s'expoſe pas à une ruine inattendue. Sans inquiétude pour l'avenir, il ſe livre à toutes les eſpérances que fait naître une inſtitution bien moraliſée, & à toutes les réflexions qui peuvent améliorer l'exiſtence de l'homme ; on ne le voit pas ſans ceſſe occupés à ſervir les projets de la tyrannie, pour tyranniſer à ſon tour ; on ne le voit point avilir les valeurs d'échanges par un agiotage qui annonce toujours ſa perte. Ses regards excluſivement tournés vers l'utile, il ne s'attache plus ni au précaire, ni au factice ; la probité dirige alors toutes ſes opérations, parce qu'il ſait que ſans elle ; il tue la ſociété & ſe donne la mort à lui-même.

Partout où le commerce agit avec mauvaiſe foi, qu'il agiote ſur les valeurs monétaires, on peut aſſurer qu'il y a dépravation & deſſein d'opprimer dans ceux qui ont été appelés à gouverner.

De la circulation des perſonnes & des choſes.

La circulation des perſonnes & des choſes, doit être ſubordonnée à la loi. La liberté de circuler doit-elle être limitée ? Voilà de ces queſtions ſur leſquelles on n'a pas encore donné de déciſion préciſe.

Il n'y a pas de doute que tout doit être ſoumis à un ordre, mais celui qui prétendra limiter la liberté, ne peut être qu'un tyran. D'après cette manière de voir, certains individus me traiteront d'anarchiſtes ; mais qu'importe ? Ceci ne m'empêchera pas d'entrer dans quelques détails qui ne plairont, ni aux oppreſſeurs, ni aux fripons leurs amis.

On veut donner une direction & aſſurer qu'elle ne ſera pas changée ; mais alors, eſt-il rien de plus ridicule que d'employer des meſures coërcitives, quand d'autres peuvent donner un réſultat certain ?

La circulation des choſes & des perſonnes, eſt le premier des biens ſociaux. Prévenir les abus qui peuvent être la ſuite d'une fauſſe direction, tel eſt le but qu'on doit ſe preſcrire. Il eſt bien clair que celui qui circule ou fait circuler, ne conſulte que ſon intérêt bien ou mal entendu; qu'il voie donc cet intérêt aſſuré dans des précautions qui ne tendent, ni à l'empêcher ni à la reſtreindre, & le but déſiré eſt rempli; par exemple, que perſonne ne ſoit obligé de prendre de paſſe, mais s'il eſt commis un délit quelque part que tous les étrangers au local qui ne s'en trouvent pas munis, ſoient arrêtés juſqu'à ce que les auteurs en ſoient connus. Cette meſure conciliatrice avec les principes, ne manquera pas de faire ſon effet. Qu'il en ſoit de même pour la circulation des choſes. Que celui qui fait circuler ſoit garant pour la direction donnée, & ne ſoit point protégé s'il ne s'eſt pas muni d'une paſſe; alors s'il lui méſarrive, la reſponſabilité pour les directions données en contraventions de celles indiquées par le gouvernement ſera inévitable pour lui, ou pour les gouvernans eux-mêmes, s'ils ont donné une fauſſe direction.

On trouvera ceci gênant pour le commerce, mais celui-ci ne doit point être indépendant. C'eſt cette indépendance qui fait le malheur des nations, en le ruinant lui-même. Voilà pour l'intérieur.

Quant à la circulation à l'extérieur, les gouvernans doivent en avoir prévu les réſultats. Elle ne doit être permiſe, qu'après s'être aſſuré que les beſoins extérieurs ſont remplis.

Des cultes.

Les cultes ſont de ces productions autant éphémères que ridicules qui mènent la ſociété au malheur, & l'eſpèce en a été trop long-temps victime. Plaignons les hommes attachés aux erreurs prétendues religieuſes, & que les lumières de la vertu chaſſent bientôt les ténèbres dont d'orgueilleux pontifes ſe ſont plus par tout à obſcurcir l'éternelle vérité.

Les cultes voilent ſouvent les vérités les plus ſimples. Ceux qui les mettent en avant comme quelque choſe de myſtérieux, reſſemblent à des eſcamoteurs dont les tours une fois connus, ne frappent plus d'étonnement. A ces mots des prêtres, *verbum incarnatum*, quel eſt le myſtériomane bigot qui ne ſe proſterne pas ou tout au moins qui ne se signe pas ? Ces mots ne signifient pas cependant autre chose que le verbe incarné, la parole devenue chair sensible. C'est l'imprimerie, vénérée des hommes libres, comme une des belles inventions du génie, & des sots, comme un mystère.

La meilleure loi qu'on puisse faire sur les cultes, est la tolérance de tous. Il n'en faut point admettre dans l'éducation. L'homme vraiment libre ne réconnaît d'autre être suprême que la vérité & la souveraineté des nations. Tout le reste n'est pas digne de son attention, s'il n'est une conséquence des grands principes.

Les chefs de doctrine doivent être responsables de tous les troubles que peuvent occasionner leurs maximes. Ils doivent la plus scrupuleuse obéissance aux lois & la meilleure qu'on puisse faire à leur égard, c'est qu'aucun d'eux ne soit admis à exercer de fonctions publiques. Les prêtres de tous les pays doivent être soigneusement surveillés dans leurs exercices par les fonctionnaires publics, afin de prévenir les suites des maximes d'intolérance qui sont communes à toutes les sectes.

Cet objet de police tient à la sûreté

comme à la propriété, que les institutions ne doivent jamais négliger, ni au moral, ni au physique.

Les Prêtres ne furent jamais que des rebelles, qui usurpèrent une autorité inconcevable sur les faibles, & qui seront traités comme ils le méritent, quand la lumière aura par tout remplacé les ténèbres. S'emparer des esprits pour ensuite s'emparer des fonds, tel est leur mot d'ordre. J'en appele aux hommes de bonne foi.

Des Conventions nationales.

Les conventions nationales sont une suite d'une déclaration que chaque génération doit faire, de ne rendre ses institutions obligatoires que pour elle-même. Elles sont par conséquent nécessaires, toutes les fois que les citoyens appelés à l'exercice des droits communs, forment une nouvelle majorité, ce qu'il est essentiel de surveiller & de connaître.

Les conventions nationales ne sont établies que pour améliorer les institutions ou les changer selon le vœu de la nouvelle majorité.

Les tyrans furent & seront toujours les ennemis des conventions nationales, comme du but pour lequel elles ſont inſtituées. Il n'appartient qu'à l'eſprit de ces monſtres, de vouloir éterniſer ce qu'il y a de vicieux en le rendant ſucceſſif. Eſt-il rien de plus bigarrement conçu, que les malheureuſes idées ſur leſquelles on fonde l'obligation pour une génération, de ſuivre les règles que s'était impoſée la génération précédente ? N'eſt-ce pas tout d'un coup nier le progrès des lumières ? Les oppreſſeurs qui vantent le plus l'attachement à leurs maximes, peuvent-ils dire que la conduite d'un tyran, fut égale à celle de celui qui l'avait précédé ? Peuvent-ils dire enſuite que les conceptions de tous ſoient moins vaſtes que celles des individus ? Ils veulent arrêter la marche de la liberté, ils veulent mettre le caprice & les préjugés à la place de la volonté nationale ; mais penſent-ils que leurs prétentions l'emporteront ſur l'éternelle vérité ? Non, tyrans, vous ne détruirez pas ſon ouvrage. Vous viendrez tous vous briſer contre elle : votre dernière heure ſonne. L'indépendance prépare votre trépas. L'amour tend une main ſecourable au malheur, le triomphe de la liberté eſt organiſé

ſigné RENCUREAU.

ERRATA.

Page 2 ligne 22 *lisez* dénoncer *au lieu* de mépriser.

Par tout où il y a tyrannie *ou* tyrans, *lisez* oppression oppresseurs.

Page 32 ligne 15 *lisez* fait peser *au lieu de* pèse.

Pag. 82 lig. 7 *lisez* méxence *au lieu de* présence.

Pag. 83 ligne 10 *lisez* qu'il désirerait *au lieu de* qui désirerait.

Pag. 86 lig. 16 *lisez* vampirs *au lieu de* vampires.

Pag. 88 lig. 7 *lisez* société *au lieu de* soiété.

Pag. 89 lig. 22 *lisez* le cahos *au lieu de* là le cahos.

Pag. 91 lig. 16 *lisez* plans *au lieu de* plan.

Page 94 lig. 7 *lisez* aërée *au lieu de* airrées.

Pag 96 lig. 27 *lisez* principe *au lieu de* principes.

Pag. 104 lig. 6 *lisez* voyaient *au lieu de* voient

Pag. 107 lig. 27 *lisez* qu'en *au lieu de* qu'un.

Pag. 110 lig. 4 *lisez* favorise *au lieu de* conserve.

Page 115 ligne 10 *lisez* renvoye *au lieu de* renvoit.

Page 118 ligne 13 *lisez* de *au lieu de* ne

Pag. 120 lig. 13 *lisez* les hommes libres savent *au lieu de* les hommes ne savent.

Pag. 121 lig. 23 *lisez* occupé *au lieu de* occupés.

Pag. 122 lig. 20 *lisez* anarchiste *au lieu de* anarchistes.

Pag. 124 lig. 10 *lisez* intérieur *au lieu de* extérieur.

Pag. 127 lig. 5 *lisez* bizarrement *au lieu de* bigarrement.

www.ingramcontent.com/pod-product-compliance
Ingram Content Group UK Ltd.
Pitfield, Milton Keynes, MK11 3LW, UK
UKHW021056260726
13994UKWH00002B/541

9 782329 460260